Distribution

Pour le Canada:

Les messageries ADP
955, rue Amherst
Montréal (Québec)
H2L 3K4
Tél.: (514) 523-1182

Pour la France:

Dilisco
122, rue Marcel Hartmann
94200 Ivry-sur-Seine
France
Tél.: (1) 49 59 50 50

Pour la Belgique:

Vander, s.a.
321, avenue des Volontaires
B-1150 Bruxelles (Belgique)
Tél.: (32-2) 762 9804

Pour la Suisse:

Diffusion Transat, s.a.
Route des Jeunes, 4ter
Case postale 125
CH-1211 Genève 26
Tél.: (022) 342-7740

52 façons
de rendre vos vacances
en famille
encore plus agréables

Données de catalogage avant publication (Canada)
Redd, Kate

52 façons de rendre vos vacances en famille encore plus agréables (Collection 52 façons)

Traduction de: 52 ways to make family travel more enjoyable.

ISBN 2-89225-288-1

1. Voyage. 2. Famille – Loisirs. I. Titre. II. Titre: Cinquante-deux façons de rendre vos vacances en famille encore plus agréables. III. Collection.

G151.R4314 1996   910'.2'02   C96-940120-5

Cet ouvrage a été publié en langue anglaise sous le titre original: 52 WAYS TO MAKE FAMILY TRAVEL MORE ENJOYABLE
Published in Nashville, Tennessee, by Thomas Nelson, Inc., Publishers, and distributed in Canada by Word Communications, Ltd., Richmond, British Columbia.

©, Les éditions Un monde différent ltée, 1996
Pour l'édition en langue française

Dépôts légaux: 2e trimestre 1996
Bibliothèque nationale du Québec
Bibliothèque nationale du Canada
Bibliothèque nationale de France

Conception graphique originale de la couverture:
RICHMOND & WILLIAMS

Réalisation graphique française:
SERGE HUDON

Version française:
FRANCIS JACQUART

Photocomposition et mise en pages:
COMPOSITION MONIKA, QUÉBEC

ISBN 2-89225-288-1

(Édition originale: ISBN 0-8407-9212-3, Thomas Nelson Inc., Nashville, Tennessee)

Redd, Kate

52 façons de rendre vos vacances en famille encore plus agréables

Les éditions Un monde différent ltée
3925, Grande-Allée
Saint-Hubert (Québec), Canada
J4T 2V8

COLLECTION

FAÇONS

CHEZ LE MÊME ÉDITEUR

Dans la même collection:

52 façons de développer son estime personnelle et sa confiance en soi,
Catherine E. Rollins
52 façons de faire des économies, Kenny Luck
52 façons d'encourager les autres, Catherine E. Rollins
52 façons de dire «Je t'aime» à votre enfant, Jan Dargatz
52 façons simples de s'amuser avec votre enfant, Carl Dreizler
*52 façons simples d'aider votre enfant à s'aimer et à avoir confiance
en lui,* Jan Dargatz
52 façons d'organiser votre vie personnelle et familiale, Kate Redd
52 rendez-vous amoureux, Dave et Claudia Arp
52 activités pour occuper vos enfants sans la télévision, Phil Phillips
52 façons de perdre du poids, Carl Dreizler et Mary E. Ehemann
52 étapes pour atteindre le succès, Napoleon Hill
52 façons d'améliorer votre vie, Todd Temple
52 façons de réduire le stress dans votre vie, Connie Neal
52 façons de rendre vos vacances en famille encore plus agréables,
Kate Redd

En vente chez votre libraire ou à la maison d'édition
Prix sujets à changement sans préavis

Si vous désirez obtenir le catalogue de nos parutions,
il vous suffit de nous écrire à l'adresse suivante:
Les éditions Un monde différent ltée
3925, Grande-Allée
Saint-Hubert (Québec), Canada J4T 2V8
ou de composer le (514) 656-2660

*Je dédie ce livre à
maman et à papa
qui m'ont enseigné
les plaisirs de
voyager
et à
Craig Stuart, Twila Jean,
Roberta June, Janice Leigh,
Carl Frederick, Beverly Grace,
Jeffrey Craig et Christi Rena,
mes fidèles compagnons d'aventure
au fil des années.*

Table des matières

Introduction: Comment rendre vos vacances
agréables   13

Principes généraux

1   Les endroits où se plaisent les enfants   17

2   Respectez l'horaire   20

3   Les décisions prises par les enfants   22

4   Un sac de voyage bien à soi   26

5   N'oubliez pas que toute journée est bien vite
passée   29

6   N'oubliez pas que les vacances sont vite
passées   31

7   Comment ne pas dépasser le budget prévu. .   34

8   Appelez périodiquement à la maison   38

9   Prévoyez quelque chose pour chacun.   41

10 N'ayez pas trop d'attentes   44

11 Préférez l'activité à la passivité   47

12 Mettez-vous en quête d'aventure   49

13 Faites le bilan de ce que vous avez vécu.   51

14 Profitez des conflits pour régler certains
problèmes.   53

15 Emportez vos bonnes manières avec vous. . .   56

16 Les précautions à prendre   59
17 Comment rester reconnaissable en tant que
    famille   63
18 Un chez-soi loin de la maison   65
19 À chacun son petit coin bien à soi   67
20 Le partage des responsabilités   70
21 Arrêtez-vous fréquemment   73
22 Marquez la fin de la journée   76
23 Des rires et des câlins   78

Des activités au cours du voyage

24 Le sac à surprises familial   81
25 Des histoires à échanger.   83
26 Un quart d'heure nostalgique   86
27 En avant la musique!   89
28 Des jeux de mots pour les voyageurs   92
29 Le théâtre de marionnettes ambulant   94
30 Des listes et des journaux de bord   96
31 Comment voyager à travers le temps et
    l'espace   98
32 Comment disserter sur le thème du voyage. .   100

Comment rendre le voyage plus facile à tous

33 Changer de place.   102
34 Des pique-niques.   104
35 Comment en profiter pour acquérir le sens
    de l'orientation.   107
36 Bien manger   110
37 Apportez une trousse à outils   113
38 Gardez une trousse de premiers soins.   116
39 Quittez la maison le cœur en paix   119

40 Voyager de jour ou de nuit?   122

41 Réservez à l'avance.   125

42 Et pourquoi ne pas emporter aussi votre
    spiritualité en voyage?.   129

C'est aussi les vacances de vos enfants!

43 Chacun sa montre!   132

44 Comment faire de vos enfants des
    collectionneurs en herbe   134

45 Comment se constituer son propre journal de
    voyage   136

46 Informez-vous d'avance au maximum.   138

47 Toute une panoplie de photos   141

48 Habillez-vous pour vous sentir à l'aise.   144

49 Invitez un ami à vous accompagner   147

50 Des vacances plus fréquentes, mais aussi
    plus brèves.   150

51 Et si vous les passiez tout simplement chez
    vous ces vacances!   153

52 Réservez à vos enfants le privilège de
    raconter vos vacances   156

Introduction

Comment rendre vos vacances agréables

Dans ce livre, vous trouverez des tuyaux simples et pratiques pour rendre vos vacances en famille encore plus agréables. Les mots clés ici sont «en profiter pour s'amuser».

Les vacances sont faites pour se distraire. Lorsque vous vous préparez à partir en voyage, posez-vous les questions suivantes:

- Qu'est-ce que j'aime faire pour mon plaisir?

- Et ma conjointe?

- Et mes enfants?

- Qu'est-ce que j'aimais faire par plaisir quand j'étais enfant?

Essayez de vous rappeler de vos vacances préférées étant enfant. Si vous n'avez jamais passé de vacances vraiment agréables, essayez d'imaginer ce qui vous aurait fait plaisir dans votre enfance.

Profiter des vacances, c'est vraiment l'apanage de ceux et celles qui sont restés jeunes de cœur, quel que soit leur âge. Vos vacances en famille devraient être remplies de bons moments où vous redevenez ensemble des enfants sur le chemin de l'aventure.

Faites de l'agrément l'objectif principal de votre voyage en famille. Que cela reste sans cesse présent à votre esprit comme perspective et comme priorité numéro un à votre ordre du jour.

Lorsqu'un événement ou une activité cessent d'être distrayants, passez à autre chose.

Faites de votre mieux pour répondre aux attentes de chacun et planifiez en conséquence afin que tout le monde y trouve son compte en joies diverses. Il faudra probablement faire des compromis, mais c'est possible.

En général, par s'amuser, nous comprenons les événements, les activités et les expériences qui nous permettent de:

- rire.

- nous sentir appréciés.

- voir la vie, les autres, et le monde sous un jour nouveau.

- faire une provision de souvenirs délectables.

Il est difficile de prendre du bon temps quand nous sommes fatigués, d'humeur grincheuse, à l'étroit, ou quand quelqu'un d'autre passe son temps à nous dire quoi faire ou à nous réprimander à tous moments.

Nombre d'adultes conçoivent les vacances comme une période de repos. En pensant aux vacances prochaines, combien de parents ont dit à leurs enfants: «Nous allons nous reposer et prendre du bon temps ensemble?» Mais pour les enfants, vacances est synonyme de nouvelles expériences, de batifolages et de cabrioles. Ces deux optiques sont comme le jour et la nuit. Si, comme adulte, votre but est de relaxer, partez avec d'autres adultes ayant le même objectif en tête, ou bien trouvez un lieu de villégiature qui satisfera votre envie de vous détendre, tout en permettant à vos enfants d'assouvir leur envie de jouer.

Sinon, attendez-vous à ce que vos vacances familiales sapent votre énergie.

Le besoin de communication, de camaraderie et de rapprochement se marie bien à l'envie de passer de bons moments. Faites de vos vacances une occasion de communiquer et de partager des expériences avec vos enfants.

Mais surtout, arrangez-vous pour partager des moments ensemble. Le plus important est de passer des moments en famille. Gardez à l'esprit les préoccupations de tous ceux avec qui vous voyagez et souvenez-vous qu'ils sont irremplaçables. Oubliez votre travail et vos responsabilités.

Vouloir rendre les vacances de chacun et chacune agréables constitue un pas de géant dans la direction de vacances encore plus réussies pour toute la famille. Choisissez donc de passer de bons moments ensemble. Découvrez ensuite les moyens de faire fructifier cette décision. Voici 52 idées et suggestions dans ce but.

1 *Les endroits où se plaisent les enfants*

*A*u fur et à mesure que vous choisirez vos destinations et que vous tracerez votre itinéraire, gardez surtout à l'esprit la pensée suivante: l'endroit devra plaire aux enfants.

Si vous projetez de partir en croisière, pensez au Bingo Red Boat (le bateau de croisières familiales de la compagnie Disney) glissant sur l'océan bordant les côtes de la Floride, plutôt qu'au type de croisières destinées aux gens de l'âge d'or, surtout idéales pour contempler les glaciers de l'Alaska.

Si vous projetez un voyage en montagne, pensez à une colonie de vacances familiales, abondamment pourvue en pistes bien signalisées et en toutes sortes d'autres agréments et installations, tels qu'une piscine ou une jetée pour pêcher, plutôt qu'à une cabane isolée du reste du monde.

Si vous envisagez d'aller à la plage, pensez à une des colonies de vacances du Club Med, où on offre une foule d'activités aux enfants, plutôt qu'à des délices pour un jeune couple en voyage de noces.

Il n'est pas indispensable que votre choix de lieux plaisant aux enfants s'arrête sur un endroit coûteux. Bien au contraire! Les lieux de villégiature pour toute la famille, les motels, les hôtels familiaux et les colonies de vacances sont en général moins chers que les installations du même type, destinés aux adultes. En même temps, vous n'avez pas non plus à vous limiter aux établissements de restauration rapide et aux motels pour très petits budgets.

Des restaurants et des hôtels

Lorque vous choisirez des lieux pour vous restaurer et pour dormir, mettez-vous en quête d'endroits où:

- on permet aux hôtes de se promener en tenue décontractée et où on ne s'en formalisera pas.

- il y a des menus pour enfants.

- on trouve des terrains de jeux pour les enfants, des piscines et d'autres installations conçues spécialement pour eux.

- il est permis de faire du bruit.

- les installations ont été conçues en fonction de la sécurité des enfants.

- les enfants sont vraiment les bienvenus.

Comment savoir si les enfants sont les bienvenus là où vous irez? Surveillez les écriteaux ou les descriptions pour voir si on utilise les mots famille, enfants, jeux et récréation. Repérez les couleurs vives, les surfaces et tissus faciles à nettoyer ainsi que les grands espaces. De tels endroits ont communément prévu de recevoir des enfants.

Il n'est rien de plus inconfortable pour vous ou vos enfants, que de vous retrouver à un endroit où ils ne peuvent pas s'ébattre ni rire à gorge déployée. Un tel endroit n'a absolument rien d'agréable.

Les activités de loisir et leur surveillance

Au fur et à mesure que vous évaluerez un endroit de villégiature pour votre famille, montrez-vous prudents en recherchant ceux qui vous aideront à créer un espace sûr et riche en distractions variées pour vos enfants. Les terrains de jeux et les piscines sont-ils surveillés par du personnel adulte qualifié?

Les terrains de jeux sont-ils bien entretenus? En a-t-on enlevé tout débris et sont-ils clôturés? Les loisirs destinés aux enfants sont-ils à leur niveau?

L'endroit de villégiature ou la colonie de vacances fournissent-ils aux enfants des activités bien surveillées et conçues pour divers niveaux d'âges? Pouvez-vous recourir à un service de garderie le soir? L'endroit est-il pourvu en installations et en personnel médicaux facilement accessibles?

Nombre d'hôtels mettent à la disposition des adultes des films vidéo aisément disponibles par le biais des canaux de leur propre circuit de télévision. Vous voudrez sans doute que l'on fasse le nécessaire pour bloquer l'accès de ces canaux à vos enfants.

2 *Respectez l'horaire*

*D*ans toutes les familles, les parents font respecter un horaire quotidien pour les repas et les heures de repos pendant les périodes scolaires. Malheureusement, les familles négligent ces horaires lorsqu'elles partent en vacances. Résultat? Des enfants et des parents trop souvent d'humeur maussade, grincheux, irritables et prêts à s'emporter facilement.

L'heure du coucher

Suivez votre routine autant que possible. Ne vous attendez pas à ce qu'un enfant, habitué à un horaire de 7 h à 21 h, s'adapte aisément à du 5 h 30 à 23 h.

Le moment de décompresser

Certains jours de vacances sont remplis de tant d'expériences et de tant de choses à voir et à entendre qu'un jeune enfant se surexcite et éprouve ensuite de la difficulté à s'endormir vite. Prenez le temps de décompresser par rapport aux événements de la journée. Faites une promenade à pas lents, le soir. Pelotonnez-vous avec votre enfant et un bon livre que vous pouvez lire à voix haute. Écoutez de la musique douce. Créez un éclairage tamisé. Installez-vous dans votre chambre et préparez-vous mentalement au repos.

Le moment de la sieste

Si votre enfant a l'habitude de faire la sieste, veillez-y aussi pendant vos vacances. Le moment de la sieste peut se révéler être le moment favorable pour vous rendre d'une destination à l'autre. Si vous êtes dans un lieu de villégiature ou dans un parc, réservez une période et un endroit tranquilles pour permettre à vos jeunes enfants de se reposer. Si vous vous trouvez dans un parc d'attractions, il se peut que vous ayez envie de réserver quelques heures de votre journée pour retourner à votre chambre de motel ou d'hôtel et y faire une sieste.

L'heure des repas

Prévoyez de manger aux heures auxquelles vous prenez un repas chez vous habituellement. Arrêtez-vous à un restaurant ou à une halte pique-nique, une demi-heure avant l'heure à laquelle vous prenez votre repas normal, afin de pouvoir respecter votre horaire. Prévoyez le temps nécessaire pour aller à la salle de bains et pour se laver les mains. Calculez le temps indispensable pour obtenir une place au restaurant, pour commander, et le temps d'attente avant qu'on vous serve. Prévoyez les goûters également en fonction de l'horaire.

Faites une bonne provision de boissons

Rappelez-vous que vous êtes tous susceptibles de dépenser plus d'énergie que de coutume en période de vacances et, étant donné que la plupart des vacances familiales se déroulent pendant les mois d'été, votre enfant et vous serez plus susceptibles de souffrir de déshydratation. Qu'il y ait à boire en abondance! Faites de fréquents arrêts aux fontaines. Si vous voyagez en voiture, un bidon d'eau ou une bouteille en plastique par personne, pourraient se révéler utiles.(Commencez la journée en remplissant ces récipients de glace et en y rajoutant la quantité d'eau nécessaire).

Évitez de vous surmener, d'avoir soif ou de rester trop longtemps sans manger, et vous ne vous en amuserez que davantage.

3   *Les décisions prises par les enfants*

*P*ermettez à vos enfants de participer aux prises de décisions avant et pendant les vacances. Non seulement ce sera plus agréable pour eux, mais ils apprécieront encore plus les activités de chaque jour.

Des choix raisonnables

Établissez vos paramètres et vos limites avant de procéder à la prise de décisions. Faites savoir à vos enfants les limites de:

- temps: «Nous ne pourrons passer que deux heures à faire du lèche-vitrines, aujourd'hui.»

- dépenses: «Vous devez choisir quelque chose dans le menu qui ne coûtera que quelques billets tout au plus.»

- d'espace: «Essayez de repérer des chambres à deux lits pour deux personnes.»

Proposez à vos enfants des choix multiples ou à options, du type soit..., soit...: «Vous pouvez soit aller faire de la natation quand nous serons rentrés au motel, soit passer une demi-heure à jouer avec les jeux mis à la disposition des clients, ici, au restaurant. Qu'est ce que vous préférez?»

Les concessions

De bien des façons, les décisions que pourraient prendre vos enfants en période de vacances ne ressemblent guère à celles qu'ils sont susceptibles de prendre en temps normal. Il est probable que, pendant les vacances familiales, vous donnerez peu l'occasion à vos enfants de pouvoir décider de l'endroit où aller – contrairement à la liberté de mouvements qui leur est offerte aux alentours de la maison familiale. Un jour d'été courant, vous permettez probablement à vos enfants de choisir comment s'habiller. Il se peut qu'ils ne puissent profiter de ce privilège tous les jours pendant vos vacances. Par contre, vos enfants auront beaucoup plus de liberté d'action pour décider de ce qu'ils préfèrent manger. Parlez des concessions possibles avec eux et indiquez-leur les privilèges qui s'offrent à eux de prendre certaines décisions en vacances, ce qu'on ne leur permet pas normalement en temps ordinaire.

Décider des destinations

Discutez de vos vacances familiales avec vos enfants dès que vous vous sentirez prêts à échafauder des plans. Parlez des endroits possibles à visiter et des expériences éventuelles à faire. Fantasmez ensemble. Puis aidez vos enfants à passer du rêve à la réalité en concrétisant leurs projets, sans oublier les contraintes budgétaires et temporelles.

Lorsque vous calculerez le nombre de jours pour vous rendre à destination et pour en revenir, soyez souple. Entretenez-vous de nombreux modes de transport possibles pour ce faire avec vos enfants:

«Nous pouvons nous permettre d'aller là-bas en avion et y rester trois jours, ou en voiture et y rester quatre jours. À votre avis, de quelle façon est-ce que ce sera le plus agréable?

Discutez des choses que vous aimeriez entreprendre:

«Cette année, préféreriez-vous camper à la belle étoile ou bien aller sur une plage?» Ou vous pourriez suggérer à vos enfants: «Si nous allions en ville, voilà plusieurs choses à faire. Laquelle vous plairait le plus?»

Si vos enfants ne sont jamais allés à la plage ni dans une grande ville, il est probable qu'ils ne sauront pas exactement quoi choisir. Expliquez-leur en termes clairs: «Si c'est la plage que vous préférez, nous n'y passerons probablement que deux ou trois heures en moyenne, par jour. Vous pourrez y faire des châteaux de sable, ramasser des coquillages et jouer dans l'écume, mais c'est dans la piscine du club que vous vous baignerez. Le temps qui restera, nous irons au restaurant, à la découverte des magasins de la ville, ou bien nous resterons dans nos chambres.» Vos enfants pourraient alors s'imaginer qu'ils vont passer la journée au bord de l'eau, de l'aube au crépuscule. Il vaut donc mieux être clair d'avance à ce sujet plutôt que d'avoir à régler le problème au beau milieu de vos vacances.

Tracer l'itinéraire

Procurez-vous une carte routière pour établir votre itinéraire. Laissez à vos enfants le choix de décider des trajets à suivre. Les autoroutes conviendront particulièrement aux longues distances à parcourir rapidement. Mais les chemins de traverse et les routes pittoresques offriront toujours plus de choses à voir.

Les choix quotidiens

Permettez à vos enfants d'avoir leur mot à dire au moment de décider où vous irez vous restaurer et passer la nuit. Ils auront ainsi non seulement plus l'impression de participer vraiment au voyage, mais ils apprendront également à voyager. Laissez-les collaborer aux prises de décision concernant les endroits de vos arrêts-repas à midi, tout en indiquant à nouveau clairement les limites que vous mettez à ces choix.

Emportez avec vous les prospectus de renseignements sur divers motels ou chaînes hôtelières (pour la plupart gratuits, et que vous pouvez vous procurer directement à votre agence de voyages locale); et permettez à vos enfants de vous aider en leur laissant jouer le rôle d'éclaireurs dans la recherche des endroits appropriés.

Les solutions de rechange

Encouragez vos enfants à établir des priorités lors de leurs choix et à prévoir des plans de rechange. Expliquez-leur à l'avance que vous vous réservez un droit de veto sur toute décision prise, quelle qu'elle soit. Par la même occasion, montrez-vous ouverts aux suggestions de vos enfants.

Chacun son tour

Si vous êtes une famille nombreuse, il se peut que vous décidiez de donner le droit de faire les choix quotidiens à plus d'un membre de la famille. Vous pourriez, par exemple, permettre à un de vos enfants de choisir où un de ses frères ou sœurs passera la nuit le premier jour, et octroyer ce privilège à un autre de vos enfants le jour suivant. Ou permettre à un autre encore de désigner l'endroit où s'effectuera l'arrêt du déjeuner un jour donné, puis laisser ce choix à un autre le jour suivant.

4   *Un sac de voyage bien à soi*

*P*révoyez des sacs de voyage réservés exclusivement à vos enfants. Ces sacs devraient être de petit format et suffisamment légers à porter. Vos enfants devront alors veiller au contenu de leur sac respectif et à son rangement en lieu sûr. Ils devront aussi le considérer comme leur propriété exclusive.

Ils pourront l'utiliser pour y ranger :

* de menus objets rappelant des événements mémorables, des souvenirs ramassés en voyage, des minéraux aux coquillages, en passant par les brochures touristiques et les cartes postales non envoyées.

* leurs propres goûters, leur gomme à mâcher ou l'argent de poche que vous leur donnerez en chemin.

* leurs plus petits jouets, leurs livres et les jeux qu'ils auront choisis d'apporter avec eux.

* tout autre petit objet à usage personnel, comme des lunettes de soleil ou des barrettes à cheveux.

Le sac lui-même pourra être un sac à provisions en plastique muni d'un cordon de fermeture coulissant ou bien le sac à dos dont se servent vos enfants pour aller à l'école. Le sac devrait être solide et pouvoir se fermer aisément pour éviter que le contenu ne se répande à l'extérieur.

Que les sacs soient prêts à l'avance

Demandez à vos enfants de rassembler les objets qu'ils veulent emporter dans leur sac, au moins un jour avant le départ, puis demandez-leur de s'habituer quelque peu à le porter. Ils devraient pouvoir le faire sur une distance d'un ou deux kilomètres sans trop de peine. En d'autres termes, ils devraient pouvoir le transporter à l'intérieur de l'aérogare et jusqu'à l'avion, par eux-mêmes!

Les distractions en route

Le sac d'un enfant peut servir à ranger ses jouets ou les jeux avec lesquels il désire se divertir en cours de route ou en vol. Suggérez à vos enfants de fixer leur choix sur les jeux et les jouets leur promettant de nombreuses heures de distraction, comme:

- un livre contenant des jeux et des puzzles.

- un mini-jeu ou un ordinateur qui tient dans la main, un jeu d'échecs ou de dames (surtout aimanté ou à fiches).

- un prêt-à-dessiner, comportant un bloc de papier à dessin, un album de coloriages, un bloc-notes et des crayons.

- un petit ouvrage d'artisanat amateur à effectuer soi-même.

- un jeu ou un puzzle individuel pour un seul joueur.

- un petit jouet, une petite poupée ou de la pâte à modeler, une automobile miniature, ou une coquille à mouler.

- un assortiment de livres.

Les objets essentiels

N'oubliez pas de munir vos enfants:

- d'un appareil photo, un modèle bon marché et automatique fera parfaitement l'affaire; vos enfants devraient pouvoir se sentir libres de prendre des photos, sans bien sûr dépasser le nombre de bobines de pellicule qui leur ont été allouées.

- d'une carte géographique, afin que vos enfants puissent y suivre pendant tout le voyage l'itinéraire que vous aurez choisi.

- de fournitures d'école: un sac en plastique contenant un stylo, des crayons, des autocollants, des timbres-poste et divers autres outils et instruments d'écriture ou d'activités artistiques.

- d'un bottin personnel pour pouvoir envoyer des cartes postales à leurs amis.

- d'un journal de voyage pour y consigner tout événement mémorable.

- et d'un porte-monnaie pour garder leur argent de poche en un seul endroit.

De tels sacs ne vous coûteront que bien peu et ils permettront à vos enfants de passer des heures et des heures de récréation en route.

5

N'oubliez pas que toute journée est bien vite passée

N'essayez pas de trop en faire dans une journée.

Souvenez-vous qu'un seul événement exceptionnel par jour suffira amplement au bonheur de vos enfants!

Sachez profitez des moments ordinaires

Il n'est pas nécessaire que l'activité ou l'événement exceptionnel coûte cher ou sorte vraiment de l'ordinaire. Dans ma propre famille, nous estimons que ça a été un vrai plaisir de vivre tout ce qui suit:

- Nager dans la piscine de notre hôtel (surtout parce que nous n'en avions pas à la maison).

- Veiller jusqu'à 21 h 30 (une heure passée celle d'aller au lit) pour regarder une vidéo dans une pièce de l'hôtel.

- Avoir la permission de jouer une heure entière sur un terrain de jeux dans un parc, en face de l'hôtel.

- Jouer pendant une demi-heure à des jeux vidéo dans un centre de jeux électroniques.

- Faire une longue promenade matinale à pied autour d'un lac, avant d'entreprendre une journée complète au volant.

- Faire une halte pour observer les ours se nourrir à une décharge sauvage située dans un parc national.

Voyez le monde avec les yeux de vos enfants

En voyage, essayez de voir le monde avec les yeux de vos enfants. Qu'est-ce qui éveille leur curiosité? Et leur intérêt? Qu'est-ce qui stimule leur imagination?

Pensez en vous-même: *Si j'avais leur âge, je brûlerais d'intérêt pour...*, puis exaucez les souhaits de vos enfants avant même qu'ils ne vous le demandent.

Pour les enfants, tout jour est un grand jour quand:

- ils font quelque chose de nouveau, comme par exemple, se promener jusqu'au bout d'une jetée.

- ils apprennent quelque chose de nouveau, comme par exemple à se servir d'une boussole.

- ils essaient quelque chose qu'ils n'ont jamais osé faire auparavant, comme de se lancer en bas d'un toboggan aquatique.

- ils vivent une nouvelle expérience, comme d'aller en pédalo sur un lac dans le parc municipal.

6 N'oubliez pas que les vacances sont vite passées

*N*e partez pas trop longtemps.

En règle générale, prévoyez autant de journées de voyage que la moyenne d'âge de vos enfants et selon le nombre d'enfants (ou dans le cas d'un enfant unique, que son âge). En d'autres termes, si vous avez par exemple deux enfants, de quatre et six ans, le voyage durera cinq jours. Si vous avez trois enfants, de deux, sept et neuf ans, le voyage durera six jours. (Un enfant de neuf ans passera sans difficultés au travers de ces jours de vacances tandis qu'un enfant de deux ans trouvera un voyage aussi long plutôt pénible).

Lorsque le voyage s'effectue en avion

Considérez vos journées en vol comme des journées chargées. En tout cas, c'est ainsi que le ressentiront vos enfants! Le vol risque d'être des plus animés et de les agiter tous, les enfants comme les adolescents! Prévoyez le temps nécessaire pour que les effets du décalage horaire se dissipent.

Lorsque vous conduirez

Ne parcourez pas de trop longues distances d'une seule traite en une journée. Calculez le nombre d'heures pendant lesquelles vous pensez pouvoir supporter l'exi-guïté de votre véhicule, puis multipliez ce total par cin-quante. Quel que soit le jour de votre voyage, ne décidez pas de couvrir un trajet plus long que le résultat obtenu.

Si vous pensez vraiment être assez résistant pour supporter sans problèmes deux heures de route le matin et trois heures l'après-midi, fixez-vous un maximum de 300 kilomètres. Jetez un coup d'œil sur votre carte et décidez à quel endroit vous voulez finir votre trajet. Ne vous écartez pas de votre destination finale de plus de 80 kilomètres, car ceci équivaudrait à une heure de route supplémentaire.

N'oubliez pas que toutes les deux heures, vous de-vrez probablement faire une halte pour le plein d'essence, pour aller aux toilettes, ou pour prendre des rafraîchisse-ments, pour manger et pour acheter des souvenirs. Assu-rez-vous d'avance que vous avez bien planifié votre ho-raire, afin d'avoir le temps de visiter une attraction touristique, d'assister à un événement hors du commun ou pour visiter les endroits intéressants des régions que vous traverserez.

Une fois arrivés

Sitôt parvenus à votre destination, prenez le temps de vous détendre, d'ouvrir les valises et de planifier, avant de vous lancer dans une nouvelle activité. Prenez le temps de visiter votre hôtel ou lieu de villégiature à votre guise. Faites le tour du propriétaire pour savoir où est située chaque chose et où se trouvent les services et les commodités.

Essayez d'arriver à destination avant le crépuscule, afin de pouvoir trouver votre chemin avec moins de diffi-culté et afin de pouvoir vous installer dans vos quartiers avant le dîner, ou avant toute autre activité, ou événement prévu pour passer la soirée. Votre famille se sentira plus chez elle, malgré l'étrangeté des lieux, et aussi plus en sécurité.

Les grands moments du voyage

Choisissez les principales attractions touristiques de votre voyage avec soin. Un ou deux centres d'intérêt tous les trois jours suffit en général lors d'un voyage de tourisme. Ces attractions peuvent être:

- le principal centre d'intérêt d'une ville.

- un musée ou une galerie d'art conçus pour recevoir la visite d'enfants.

- un panthéon ou une exposition thématique.

- un événement spécial, tel que le match joué par une équipe sportive renommée, un concert ou la visite d'un planétarium.

Si votre destination est un lieu de villégiature ou un parc d'attractions des plus connus, comme EuroDisney, Canada Wonderland ou Madurodam, prévoyez plus d'une journée dans votre horaire afin de pouvoir tout voir. Même chose pour ce qui est de la visite des principaux parcs nationaux tels que les parcs de La Vanoise des Alpes de Savoie et des Dolomites ou les réserves fauniques du Québec et le parc national Forillon en Gaspésie. Votre famille pourra facilement passer quatre ou cinq jours dans de tels endroits et, chaque jour, y trouver une nouvelle activité intéressante.

7   *Comment ne pas dépasser le budget prévu*

Vos prévisions budgétaires

*D*écidez du maximum quotidien que vous êtes prêt à dépenser au cours du voyage. Incluez-y les frais pouvant surgir certains jours, par exemple ceux de votre visite au Musée océanographique de Monaco ou le jour où vous irez voir un spectacle dans l'amphithéâtre de Vérone, ou quand vous admirerez les chutes du Niagara qui chevauchent la frontière canado-américaine ou le Zoo de Saint-Félicien au lac Saint-Jean, au Québec.

Si vous avez dépassé votre montant fixé comme plafond, surveillez étroitement vos dépenses du jour suivant. Dressez le bilan de toutes vos dépenses quotidiennes. Faites-en la moyenne et additionnez-les pour en arriver au total du jour. Faites faire les calculs par vos enfants. Il se peut qu'ils ne soient pas conscients des efforts investis et des heures que vous avez dû travailler pour gagner l'argent que vous dépensez ou de la valeur relative des choses, mais ils savent ce qu'est une soustraction!

Encouragez vos enfants à vous donner des idées pour économiser. Une fois de plus, laissez-les choisir en leur permettant de décider de leur propre chef: «Préféreriez-vous un hamburger pour le déjeuner et voir un film ce soir, ou aller au zoo maintenant pour y pique-niquer?»

Les aubaines

Laissez aussi vos enfants être à l'affût des aubaines pour vous. Ils sont particulièrement aptes à dénicher les tarifs d'essence les plus bas, tandis que vos adolescents se feront un point d'honneur de repérer les tarifs de vol les moins élevés.

Il se peut que vos aînés réagissent de la même façon pour ce qui est de la chasse aux aubaines. Faites-en un safari financier et rendez-en la gageure attrayante:

«À votre avis, avec l'argent dont nous disposons, quelles vacances *pouvons-nous* nous permettre?»

Comment gérer vos dépenses

Voici cinq suggestions pratiques pour gérer votre budget-voyage:

1. *Ne faites jamais de promesses à vos enfants sans les tenir par la suite quant à ce que vous allez faire, visiter, ou entreprendre en fait d'attractions.* Si vous n'êtes pas sûr de disposer de moyens suffisants pour leur offrir tel ou tel plaisir, n'en faites mention d'aucune façon. Si vous vous apercevez par après que vous pouvez vous le permettre, faites-leur la surprise! Ainsi, plus grande sera la joie de vos enfants à profiter des plaisirs que vous pouvez leur offrir et la déception sera moindre dans le cas contraire.

2. *Annoncez à l'avance à vos enfants vos limites budgétaires quant aux repas.* Comme lors de la première façon, en annonçant brièvement à l'avance: «Ce soir, nous nous passerons de dessert». Vous éviterez ensuite bien des drames ou des déceptions.

3. *Distribuez quotidiennement à chacun de vos enfants une somme fixe pour acheter des souvenirs ou payer leurs menues dépenses.* Que chaque enfant paie de cet argent ses «grignotines», ses cartes postales et ses sou-

venirs de tous genres. Une fois cet argent dépensé, ne fouillez pas de nouveau dans vos poches pour leur en donner davantage. De cette façon, vos enfants apprendront à gérer leurs propres dépenses pendant le voyage et il ne leur restera plus qu'à s'en prendre à eux-mêmes en cas de manque d'argent lorsque le fameux «Maman, papa, regardez, c'est le... que je cherchais!» fera son apparition.

Peut-être déciderez-vous de réserver à l'avance une certaine somme pour que chaque enfant puisse acheter un souvenir plus convoité que les autres. Gardez cet argent dans votre portefeuille. Votre enfant pourra ainsi se livrer à de multiples comparaisons face à ce qui attisera son envie en chemin, avant de choisir définitivement le souvenir qu'il ramènera à la maison.

4.   *Payez en chèques de voyage.* Utilisez votre carte de crédit le moins possible; il n'est souvent que trop facile de dépasser la marge de votre budget quotidien; évitez de porter trop d'argent en espèces sur vous, car vous risquez de le perdre.

Si vous voyagez avec des adolescents, vous voudrez probablement leur donner quelques chèques de voyage en mains propres pour éviter qu'ils ne vous demandent constamment: «Tu m'achètes ça, dis?» ou pour ne pas vous sentir coupable de ne pas acheter quelque chose de particulier à vos adolescents à tous les arrêts que vous ferez. Laissez-les effectuer eux-mêmes leurs achats avec leur propre argent. Il n'en tient qu'à vous d'ajouter à la somme économisée en prévision des vacances, par vos aînés ou adolescents, une somme équivalente, pour les inciter encore plus à préparer le voyage à l'avance.

5.   *Prévoyez de l'argent en réserve pour prendre toutes les dispositions nécessaires en cas d'événements fortuits.* Il se peut que vous ayez sous-estimé le coût de certaines

dépenses (carburant, hébergement, repas) ou qu'il y ait une urgence en chemin: frais d'examen ou de soins en clinique, ou des coûts pour la réparation de votre véhicule). Prévoyez et mettez de côté une somme réservée à de tels imprévus. Dans l'éventualité où vous n'auriez pas à en faire usage, vous pourrez mettre cette caisse de prévoyance à contribution pour fêter en grand le dernier soir de votre voyage!

8 *Appelez périodiquement à la maison*

*A*ppelez tous les jours chez vous. Il vaut mieux vérifier si tout va bien plutôt que de se faire du souci à ce propos.

Téléphonez et informez-vous auprès de la personne chargée de surveiller votre maison en votre absence, chaque jour ou tous les deux jours.

Appelez chez vous pour effacer périodiquement les messages enregistrés dans la mémoire de votre répondeur.

Vous voudrez sans doute appeler un voisin pour vous assurer que tout va bien à la maison et sur le terrain familial. (Continue-t-on à livrer les journaux en dépit de l'ordre que vous avez donné d'en arrêter la livraison? Faut-il enlever de votre perron les prospectus publicitaires qui s'y accumulent? La personne (ou le gardien de propriété) à qui vous avez confié la maison fait-elle tout ce pour quoi elle a été payée?

Appelez à votre lieu de travail

Si, pour garder votre sérénité, il vous faut communiquer là où vous travaillez périodiquement, faites-le. Informez à l'avance vos associés de votre départ en vacances, de vos appels futurs et précisez qu'on doit vous déranger qu'en cas d'urgence ou de crise. Dans la plupart des cas, vos collègues sur place pourront très bien s'en occuper. Le meilleur moment pour appeler sera sans doute tôt le matin afin de pouvoir disposer du reste de la journée, soit pour répondre à une urgence, soit pour continuer à profiter de vos vacances.

La garde de vos animaux familiers

Si, pendant votre absence, vous avez décidé de confier vos animaux à des amis ou à un vétérinaire, appelez-les pour vous informer de l'état de santé de vos compagnons à deux ou quatre pattes. Advenant un problème quelconque, prenez les mesures nécessaires afin que l'on prenne soin d'eux ou pour qu'on leur administre les traitements requis pendant que vous êtes en voyage.

Appelez les amis

En route, permettez à vos enfants d'appeler un ami au moins une fois. Ils se sentiront plus près de ce qui se passe à la maison et ils auront moins le mal du pays. (Eh oui! Il est parfaitement possible de souffrir d'un tel mal en voyage, même en famille!) Vos adolescents, en particulier, apprécieront d'autant plus le voyage si on leur permet de garder un contact périodique avec leurs amis restés à la maison. Ainsi que l'a exprimé un adolescent en vacances avec sa famille: «Je n'ai pas peur de monter dans les machines du parc d'attractions. La seule chose que je ne peux pas supporter, c'est de ne pas savoir ce qui se passe là où j'habite!»

«On a survécu!»

Appelez ceux qui pourraient s'inquiéter de votre sécurité au cas où il y aurait danger, ou au cas où il se produirait un retard ou une catastrophe. Faites savoir à vos parents et amis là où vous habitez que vous êtes en vie et en bonne santé. Ils en seront rassurés.

Si vous changez d'itinéraire, avisez-les également. Même en vacances, vous apprécierez que l'on puisse vous rejoindre en cas d'urgence.

Bref, un appel interurbain de trois minutes est une dépense bien minime quand on sait combien il est préférable de pouvoir remédier à un pépin le plus vite possible avant que celui-ci ne se transforme en un désastre disproportionné.

9 *Prévoyez quelque chose pour chacun*

*A*u moment de faire vos préparatifs, prévoyez pour chaque membre de la famille un petit quelque chose en plus pour rendre son voyage encore plus mémorable. Par exemple, si les automobiles passionnent Jacques, votre adolescent, faites un arrêt au Mans sur la Sarthe ou à tout autre circuit de courses d'automobiles réputé, tel le circuit Gilles Villeneuve de Montréal, et inscrivez: «Grand jour de Jacques» dans votre programme. Ou réservez quelques heures de vos vacances pour l'emmener voir de plus près son véhicule préféré dans une salle de montre. Rien ne vous empêche non plus de faire éventuellement un tour d'essai ensemble.

D'accord, Jacques ne sera pas le seul à apprécier l'excursion au circuit international du Mans ou la visite à la salle de montre; mais que toute la famille sache d'avance que c'est du «Grand jour de Jacques» qu'il s'agit.

Lorsque vous serez à Paris, emmenez votre fille, Laure, l'hyper-consommatrice, passer un après-midi aux Galeries Lafayette. Si vous êtes au Québec, rendez-vous à la Place Montréal Trust. Le reste de la famille s'amusera aux divers rayons et attractions de ce grand magasin, mais que cela reste «l'après-midi lèche-vitrines de Laure».

Si, pour vos prochaines vacances familiales, vous prévoyez une gâterie pour chacun, tous les membres de votre famille seront alors plus enclins à se montrer plus patients et compréhensifs lors du traitement de faveur dont fera l'objet l'un d'entre eux.

De telles marques de considération auront pour effet que chacun se sentira encore plus privilégié et pourra vivre son moment de gloire et d'agrément. Le reste de la famille aura ainsi l'occasion de perfectionner son art du compromis, de cultiver le respect mutuel et de participer à des activités ou événements ne suscitant pas son intérêt ou son esprit d'initiative en temps normal.

Les extras de la journée

Ce que vous prévoyez comme extras pour l'ensemble du voyage, doit aussi l'être au quotidien. Réservez une attention, une visite ou un moment particulier à chaque membre de la famille. Cela peut prendre la forme d'une demi-heure de plus à faire la grasse matinée pour maman tandis que papa emmène les enfants chez McDo pour un petit-déjeuner (et en rapporte un chausson aux pommes à maman). Cela peut aussi être un cornet de sa crème glacée préférée pour chaque enfant à la fin de la journée. Cela peut encore s'exprimer par une demi-heure au bord de la rivière pour papa et son jeune fils afin de taquiner la gent aquatique, tandis que maman remet tout en ordre après le pique-nique et que bébé rêve. Enfin, cela peut permettre à vos adolescents de se balader dans le jardin botanique tandis que vous prenez vous-même un bain de pied réparateur au bord de la mare aux nénuphars.

Comment diviser pour mieux régner... et donner du bon temps !

Il n'est pas indispensable que toute la famille vive au diapason de chacun de ses membres lors de toute activité. Papa et sa fille pourraient privilégier une balade en tramway ou en train tandis que maman et fiston font le tour des magasins. Ce pourrait aussi être de la pêche en haute mer pour papa et sa progéniture pendant que maman passe la matinée à découvrir les galeries d'art de la station balnéaire où tous sont en vacances.

10 N'ayez pas trop d'attentes

*É*vitez de vous livrer d'avance à des commentaires dithyrambiques quant aux plaisirs que laissent soi-disant présager vos futures vacances en famille, ou à des remarques telles que:

- «Ce seront les meilleures de toutes nos vacances!»
- «Vous ne pouvez pas vous imaginer à quel point on va s'amuser!»
- «Ça va être le voyage de notre vie!»

Il est fort possible que ce ne soit pas du tout le cas!

Choisissez au contraire d'être modéré dans vos façons d'exprimer votre enthousiasme quant aux plaisirs que réserve le voyage. Ainsi, si celui-ci se révèle en fin de compte moins agréable, vous n'aurez pas rempli la tête de vos enfants d'images trop optimistes, garantie certaine d'une future déception. Au contraire, si le voyage est vraiment extraordinaire, la surprise n'en sera que plus plaisante!

Dites seulement ce qui suit:

- «Voyons ce qu'il y a à voir.»
- «Eh bien, allons voir, c'est tout.»
- «Partons à la découverte.»
- «Essayons et, qui sait? Peut-être en serons-nous ravis!»

De telles déclarations stimuleront les esprits aventureux et entreprenants de vos enfants car elles se fondent sur leur naturel plutôt curieux.

Les scénarios moins encourageants

Si un des scénarios choisis finit en eau de boudin ou tourne au vinaigre: spectacle vraiment minable, d'un ennui mortel, ou qu'on vous présente de la camelote de vingt-cinquième catégorie, essayez quand même de faire ressortir un élément positif dans cette situation. Riez de ce que vous venez de voir ou de votre échec. Vous pourriez appeler cela le ratage du voyage dans vos annales. Lors d'une de nos épopées familiales, nous avons soigneusement décrit nos rencontres et nos moments les plus saugrenus. À chaque nouvelle déception, notre chronique de la déconvenue s'enrichissait d'une nouvelle rigolade en puissance!

Même les déboires les plus prononcés, incongrus ou encore ennuyeux comme la pluie, serviront plus tard de prétexte pour de mémorables crises de fous rires en famille. Parfois, le loupage en question revêt même le statut de souvenir de vacances particulier, ne serait-ce que parce que toute la famille est d'accord pour dire que c'est vraiment le pire de tout ce qui leur est arrivé.

Annoncez d'avance vos contraintes temporelles

Informez vos enfants à l'avance de l'intervalle de temps que vous êtes prêt à passer à l'endroit où vous êtes appelés à vivre une expérience particulièrement réussie. Le fameux: «Oh, encore un tour, une heure, etc., s'il te plaît!», peut jouer le rôle d'une scie pour les nerfs des parents car toute patience a ses limites. Si d'ores et déjà vous aviez décidé de ne passer que deux heures au parc d'attractions, faites-le savoir à vos enfants avant, pas pendant. Quoique vous puissiez de temps à autre vous montrer plus souples et leur accorder plus de temps pour s'amuser, expliquez-leur que cela constitue une exception et non la règle. Ignorez les supplications, sinon celles-ci ne feront qu'aller en augmentant dans l'avenir.

On a entendu plus d'une mère ou un père dire: «Nous verrons si vous n'êtes pas trop fatigués à ce moment-là, et alors, nous déciderons», ou «Regardez-vous, vous tombez de sommeil et vous voudriez rester plus longtemps?» Des enfants que l'on défie de prouver qu'ils ne sont pas à bout de force s'évertueront à prouver par tous les moyens à leurs parents qu'ils disposent encore d'une impressionnante quantité d'énergie – et ce, jusqu'aux portes mêmes de l'hôtel! Gardez-vous bien de tomber dans ce piège. Vous n'avez pas à vous justifier lorsque vous avez décidé qu'il est temps que votre progéniture aille se coucher après une journée passionnante ou riche en péripéties, ou ne serait-ce que pour dire que les meilleures choses ont aussi une fin!

11 *Préférez l'activité à la passivité*

*L*es enfants ont besoin de s'activer. Ils sont faits pour le mouvement. Rester attachés à leur siège en voiture ou ceinturés en avion ne correspond pas précisément à l'idée que se font les enfants de la liberté.

Action!

Autant que faire se peut, que vos vacances soient pleines de vie. Il n'est pas indispensable que vous vous montriez vous-mêmes actifs pour que vos enfants le soient également. Vous pouvez rêvasser à l'ombre, ou sur un banc de parc, ou bien siroter un soda dans une cabine de bains à la plage. Mais laissez vos enfants :

• patauger à cœur joie dans l'eau.

• se lancer du haut du toboggan et grimper aux agrès du parc autant que le cœur leur en dit.

• rebondir du tremplin au ballon géant du comptoir des hamburgers pendant un quart d'heure (avant de manger).

• courir aller-retour jusqu'au bout du sentier ou jusqu'aux pilotis de la plage, ou un va-et-vient d'un pâté de maisons à l'autre.

Lorsque vous faites halte pour le plein ou pour aller au petit coin, laissez votre enfant se dégourdir les jambes par une série d'exercices. C'est simple, Simon n'aura qu'à faire, disons: une douzaine de rassembler-sauter-bras-écartés, cinq tractions à l'horizontale et une dizaine de sauts de mains! J'ai même entendu parler d'une famille qui emportait toujours une corde à danser en voyage pour chacun des enfants et qui profitait des arrêts aux stations-services pour les laisser sauter à leur guise.

Plutôt que de prendre vos déjeuners au restaurant, essayez de voir où on vous offre des menus prêts à emporter et faites-vous indiquer le parc le plus proche. Laissez vos enfants s'amuser, avant ou après le repas, en lançant le ballon ou le frisbee.

Encouragez vos enfants à profiter pleinement de la piscine de l'hôtel ou des occasions s'offrant à eux de gambader le long des berges de la rivière. Mais ne faites aucune concession en matière de sécurité. Ne laissez jamais vos enfants sans surveillance.

Les avantages

Plus vos enfants pourront folâtrer en chemin:

- plus ils accepteront de se tenir tranquilles en voiture et plus ils apprécieront ce qu'ils verront défiler devant eux.

- mieux ils dormiront la nuit et plus vite ils décompresseront le soir venu.

- meilleure sera leur santé pendant le voyage (les enfants qui font de l'exercice souffrent en général moins de troubles gastriques ou intestinaux).

- plus ils apprécieront leurs vacances!

12 *Mettez-vous en quête d'aventure*

S oyez sans cesse à l'affût des nouveautés et de l'inusi-
té, encourageant ainsi l'apprentissage et l'acquisition
du savoir. Il faut que tous les parents soient pleinement
conscients du fait qu'apprendre et explorer enrichit les
enfants, en les amusant. En fait, peu de choses sont aussi
divertissantes que d'apprivoiser de l'inconnu pour la première fois, d'apprendre quelque chose de nouveau ou que
de faire des découvertes.

Voilà de quoi sont faites des vacances vraiment em-
ballantes :

- d'émerveillement, après ce que l'on vient de voir, ou
  de vivre, en fait d'expériences.

- de probabilités, à l'idée de ce qui se cache au prochain tournant.

- d'explorations, et de pouvoir partir librement à la
  découverte d'un lieu donné (que ce soit un parc, une
  ville ou un pays), sans carte, ni horaire, ou de plans
  préétablis, d'aucune sorte.

Comment démarrer le processus

Lorsqu'il s'agit de leurs vacances familiales, nombre
d'adultes les programment en fonction de tâches à accom-
plir. Leur voyage se retrouve planifié comme un projet
qu'on leur aurait confié dans l'exercice de leurs fonctions,

avec besognes à effectuer, horaires à l'appui et listes à vérifier.

Pour les enfants par contre, ce qui importe surtout, c'est ce qui va se passer. Les enfants préfèrent de loin se livrer à une activité qu'y exceller ou devoir la mener à terme.

Sachez-vous détendre et accompagner vos enfants en les laissant suivre leur inspiration. Lorsque vous réussirez à faire ce que vous avez décidé d'entreprendre, sans vous acharner à obtenir obligatoirement des résultats concrets, tout sera beaucoup plus agréable pour vous et pour votre famille!

Se poser les bonnes questions

Plutôt que de demander *qui, où, quand* ou *quoi* à propos de vos vacances, demandez-vous *comment et pourquoi*. Répondre aux premières interrogations fait ressortir le besoin de mener à bien et de confier des corvées à effectuer. Répondre aux dernières aide à faire germer la créativité, la curiosité et le désir de l'aventure.

Juste pour rire

Pendant toute leur adolescence, vous pourrez probablement inciter vos enfants à vous suivre par des: «Juste pour rire,...» Laissez-leur le soin de modifier le scénario de vos voyages au fur et à mesure que ceux-ci se déroulent. Pour ce qui est des enfants plus jeunes, il vous faudra probablement amorcer le mouvement vous-même:

• «Juste pour rire, faites comme si cette ville était la vôtre. Qu'y changeriez-vous? Dans quel quartier voudriez-vous y vivre? Selon vous, quelle vie y mèneriez-vous?»

• «Juste pour rire, faisons comme si nous ne connaissions pas la langue de ce coin de pays. Comment trouverions-nous notre chemin? Que ferions-nous pour survivre?»

13   Faites le bilan de ce que vous avez vécu

*E*ntretenez-vous avec vos enfants de ce qu'ils ont vécu en voyage. Ils n'en saisiront ainsi que mieux l'importance de ce qu'ils viennent de voir ou de faire, et ils se souviendront plus tard avec d'autant plus de vivacité de cette expérience.

Parlez-en

Dès que vous venez de quitter un endroit, discutez de ce que vous venez d'y faire. Posez toutes sortes de questions:

De type descriptif – Demandez: «Qu'avez-vous vu? Qu'avez-vous fait? Où êtes-vous allés? Qui a fait quoi?»

De type appréciatif – Demandez: «Qu'est-ce que vous avez le plus apprécié à cet endroit (ou lors de cette expérience ou de cet événement)? Qu'aimeriez-vous y voir quand vous reviendrez? Qu'aimeriez-vous montrer à vos enfants dans l'avenir? Si vous pouviez changer quelque chose à cet endroit (ou événement), qu'est-ce que vous changeriez et pourquoi?»

Ne demandez pas: «Est-ce que ça vous a plu?» Laissez-vous toute latitude d'en discuter. Si un des enfants a réagi négativement face à telle ou telle situation, efforcez-vous de découvrir ses motifs.

De type créatif – Demandez à vos enfants de faire travailler leur imagination quant à ce qu'ils ont vécu:

«Est-ce que vous aimeriez vivre à un tel endroit? Comment? Pourquoi est-ce que ça vous plairait? Qu'est-ce qui ne vous y plairait pas? Qu'est-ce que vous vous donneriez la peine d'y changer? Qu'est-ce que vous voudriez y voir en permanence? À votre avis, comment c'est de travailler ici (ou d'être l'acteur d'une telle expérience)?»

Conservez un journal du «meilleur»

En voyage, commencez à répertorier ce qui suit:

- les «premières fois que...».

- les nouveaux endroits visités.

- les formes, les couleurs et les sons sortant de l'ordinaire.

- les meilleurs repas.

- les moments préférés.

Vous voudrez probablement établir un barème d'excellence pour classer certaines activités et expériences vécues: «Ça, c'était du cinq étoiles!» ou «Ça, c'était vraiment ce qu'il y a eu de mieux jusqu'à présent!» ou «Ça, ça méritait neuf points et même plus.»

Consultez votre journal intime périodiquement afin de vous remémorer certains moments. Vos enfants auront vraisemblablement si hâte de voir ce qui vient ensuite qu'ils perdront complètement de vue où ils sont allés. Aidez-les à s'en souvenir, ainsi que de ce qu'ils ont fait, vu et ressenti.

14 *Profitez des conflits pour régler certains problèmes*

*R*ien ne se déroule jamais à 100 % tel que prévu, même pas les projets les plus minutieusement préparés! En outre, plus vous voyagerez et plus le groupe que vous formerez sera nombreux, plus il y aura risque d'assister à des conflits de personnalités et à des différends.

Si, chez vous, les enfants ne s'entendent pas très bien entre eux, n'espérez pas les voir s'entendre mieux en voyage. Quelle qu'en soit la raison, il est probable que leur mésentente empirera. Et ne tablez surtout pas sur la magie des vacances pour voir les problèmes se résoudre, à moins que vous ne décidiez d'intervenir. Il vaut mieux trouver des solutions AVANT de s'embarquer ensemble dans une telle aventure.

Établissez les règles

Toute expédition en bonne et due forme est régie par son protocole et ses règlements administratifs. Décidez avant de partir de l'ordre hiérarchique et de certaines règles de conduite que votre famille devra respecter. Il devra être clair pour tous que:

- seuls papa et maman décident et toute décision est sans appel une fois prise, sans que cela n'empêche, bien sûr, toute contribution des enfants aux prises de décisions.

- toute opinion est la bienvenue, mais uniquement à titre de contribution positive au débat et non le contraire.
- toute pleurnicherie ou bouderie est interdite.
- l'obéissance est de mise car le contraire pourrait signifier se perdre en chemin, ou se blesser, au lieu de prendre du bon temps en toute sécurité.

En vacances, les enfants s'essaient parfois à la manipulation – en forçant la main à leurs parents pour les obliger à rentrer plus vite, afin de revoir leurs amis, ou en les poussant, en route, à une balade de plus – en faisant preuve d'inconduite. Car tout compte fait, une fois en chemin, les options disciplinaires disponibles pour les parents responsables de tout un groupe, sont plutôt limitées. Néanmoins, les pauses pour réflexion existent encore et continuent à faire merveille.

Désamorcez les conflits en puissance en réclamant des pauses de réflexion et en offrant de régler les différends par la discussion.

Lorsqu'éclate un conflit, réclamez une trêve et essayez l'argument suivant: «Nous en reparlerons après cinq minutes de silence. Réfléchissez à votre position et aux conséquences. Réfléchissez au compromis que vous seriez prêt à envisager.» Puis chronométrez les cinq minutes de trêve pour toute la famille sur votre montre.

Lorsque la conversation reprendra, décidez de qui vous nommerez juge de la discussion semi-officielle qui aura lieu pour débattre de l'objet du litige. Le juge devra tout d'abord demander s'il est nécessaire de poursuivre le débat. Il est possible qu'à ce moment-là celui-ci ait déjà perdu sa raison d'être. Si une rage sourde continue à subsister, réclamez cinq minutes de répit supplémentaires.

Lors de la poursuite du débat:

- accordez à chacun le temps de faire valoir ses arguments sans qu'on l'interrompe.

- allouez assez de temps à chacun pour réfuter tous les arguments qui lui sont présentés.

- donnez à chacun le temps de faire des observations pour clore le débat.

Le juge par intérim devrait avoir le droit d'interroger les deux parties en présence. Une fois sa décision rendue, elle devra être considérée comme étant sans appel et sans sous-entendu du genre: «Je le savais...», sans possibilité de surenchérir sur les défauts de l'adversaire et sans sarcasme ou moues méprisantes à son adresse.

Faites le point un peu plus tard

Au cours du voyage, soit un jour ou deux après que les esprits échauffés se seront refroidis quelque peu et une fois que la majorité de la famille se sentira de meilleure humeur, vous aurez probablement envie de revenir sur les motifs de l'incident en question et d'en explorer objectivement les tenants et les aboutissants. Demandez alors à l'une des ex-parties de tenir le rôle de juge et d'énoncer ce qu'il aurait fait dans un esprit d'équité, si c'était lui qui avait entendu la cause au lieu d'en être l'un des plaideurs. Discutez des façons dont on résout généralement les problèmes et des éléments à considérer lorsqu'il faut prendre des décisions afin de les solutionner. Expliquez aussi pourquoi il est essentiel de savoir se montrer conciliant quant à certains éléments, ainsi que de savoir faire preuve de fermeté quant au respect de certains principes.

Vous pouvez également faire le point sur des incidents ayant opposé un des membres de la famille et un parfait étranger – par exemple lors d'une rencontre fortuite avec un préposé au service parfaitement désagréable, ou avec un chauffard.

15 *Emportez vos bonnes manières avec vous*

*L*es bonnes manières et la courtoisie la plus élémentaire ne devraient pas rester remisées chez vous lorsque toute la famille part en vacances.

Les vacances peuvent avantageusement servir de période de mise à l'essai de ce qui a été appris (c'est bien sûr préférable) à la maison, par exemple:

- user des... «S'il vous plaît», «Merci» et «Non, merci».
- ouvrir les portes les uns aux autres sans qu'on en fasse la demande.
- se proposer pour aider les autres.
- demander la permission avant de se lancer dans quoi que ce soit.
- avoir de bonnes manières à table, connaître les règles de bienséance.
- Dire: «Excusez-moi».

Un enfant courtois est toujours le bienvenu et il est particulièrement apprécié de tous. Un enfant qui se sent le bienvenu, est un enfant qui jouit encore plus de tout ce qu'il fait!

Initiation à la nouveauté

De temps à autre, il se peut que vous désiriez que vos enfants participent à des événements plus solennels: un dîner dans un restaurant chic, une représentation théâtrale très courue, ou un concert. Habillez-vous pour la circonstance. Dans la mesure du possible, préparez vos enfants à la façon de se conduire dans un tel cadre. Faites-les participer au processus dans son entier en leur montrant comment se servir de l'argenterie, comment commander à la carte, comment vérifier l'addition, combien il faut laisser de pourboire, quand dire: «Excusez-moi» après être passé par-dessus les sièges de 10 personnes, comment se lever lorsqu'un adulte vous quitte pour regagner sa chambre, ou sa table, et ainsi de suite. Il se pourrait bien que de telles occasions représentent des étapes cruciales sur le chemin menant à la maturité sociale de votre enfant.

Dans votre chambre, à l'hôtel et au motel

Insistez pour que vos enfants se conduisent dans leur chambre d'hôtel ou de motel de la même façon que si c'était dans la chambre de leur parent préféré plus âgé, c'est-à-dire sans laisser de désordre derrière soi. Quitter sa chambre après avoir tout ramassé peut être une grande leçon de courtoisie pour vos enfants. Il vous sera également plus facile de repérer ainsi ce que vous pourriez avoir oublié de remettre dans vos valises.

Apprendre à ne pas déranger

Une des règles les plus élémentaires en ce qui a trait à la courtoisie dont on doit faire preuve envers nos compagnons de voyage est de respecter leur droit au silence. Veillez à ce que leur rêverie ne soit pas interrompue en voiture ou lorsqu'ils sont plongés dans la contemplation du panorama ou de la beauté du paysage s'offrant à eux. Que tout «Ne me dérangez pas quand je parle» s'assortisse en même temps d'un «J'espère que je n'interromps pas votre rêverie.»

Lorsque la famille passera par des moments de sur-excitation, permettez à tous de laisser libre cours à leur euphorie. Par contre, quand il y a des discussions, ne permettez pas qu'un seul membre de la famille s'en attribue le monopole.

16 *Les précautions à prendre*

*V*eillez autant que possible à la sécurité personnelle de vos enfants et de leurs biens.

Assurez-vous que vos enfants connaissent leur propre nom au complet, celui de leurs parents, leur adresse (rue, ville et pays) et leur numéro de téléphone, ainsi que leur code régional.

Marquez tous les vêtements de vos enfants à leur nom (surtout le nom de famille). Et attachez à tous leurs bagages une étiquette où seront inscrits leurs nom, adresse et numéro de téléphone.

Équipez vos enfants de chaussures à semelles caoutchoutées pour la plupart de leurs sorties. Ces semelles adhéreront mieux sur des surfaces glissantes.

Chaque fois que vos enfants partiront en bateau ou entreront dans une rivière, ou dans un lac, pour faire du ski nautique, du canotage dans des canoës ou dans des bouées tubulaires; ou chaque fois qu'ils se livreront à des sports aquatiques sur des plans d'eau sans surveillance, veillez à ce qu'ils portent un gilet de sauvetage. Aussi bons nageurs soient-ils, cette règle doit avoir force de loi. Vous ne pouvez pas vous fier à l'apparent calme du courant ou aux débris, rochers ou troncs d'arbre affleurant presque à la surface de l'eau.

Que faire si on s'est perdu

Désignez un point de ralliement au cas où vous seriez séparés les uns des autres lorsqu'il y a foule. Choisissez ce point de rassemblement de façon à ce que vos enfants puissent le retrouver avec aisance et de manière qu'ils puissent s'informer du chemin pour y aller au cas où ils vous perdraient. Montrez l'endroit à vos enfants: «En cas de séparation, nous nous retouverons exactement là où nous sommes maintenant, à côté du mât avec un drapeau, juste à l'entrée principale.» Ne dites pas: «Si vous vous perdez, demandez où est le bureau des objets perdus.»

Attendre assis par terre qu'on vienne nous chercher en cas d'égarement

Une méthode efficace à enseigner à vos enfants est de rester sur place et de s'asseoir par terre en cas d'égarement. Bien sûr vous ne tenez pas à ce que ceux-ci s'assoient au beau milieu d'une promenade très fréquentée, ou d'une voie, ou rue à forte circulation, mais le faire sur le bas-côté conviendra toujours parfaitement. Dites à vos enfants de répondre à tout passant se préoccupant à leur sujet: «Nos parents nous ont dit de les attendre ici quelques minutes.»

Expliquez à vos enfants qu'étant plus grands et plus rapides qu'eux, il vous est beaucoup plus facile de venir les retrouver que le contraire. Les enfants en vadrouille, que ce soit au milieu des séquoias géants de Californie, sous les palmiers de Disneyland, ou à proximité du rocher Percé tendront probablement à s'éloigner encore plus de vous que l'inverse.

Se tenir par la main et rester ensemble en tout temps

Une des meilleures règles à faire suivre par toute une famille lorsqu'elle se trouve entourée d'une foule est la règle mise en pratique par les responsables de garderies: se tenir par la main et rester ensemble en tout temps. Au cas où vous vous trouveriez dans une rame de métro bondée, dans une galerie de magasins où il y a cohue, ou dans un parc d'attractions fourmillant de gens, cherchez la main d'un autre membre de la famille. Si cela embarrasse vos adolescents, allez-y bras dessus, bras dessous ou les bras autour des épaules les uns des autres. Mais, pour l'amour du ciel, restez ensemble!

L'argent nécessaire et le bon numéro pour faire un appel

Veillez à ce que vos enfants aient sur eux l'adresse de l'endroit où vous êtes hébergés – que ce soit celle d'un terrain de camping, le nom d'un parent ou celle d'un hôtel – et les numéros respectifs de ces endroits, ou personnes, sur un bout du papier. Placez-y l'argent nécessaire pour appeler et faites que vos enfants portent le tout collé dans leur porte-monnaie ou dans leur poche. Même si l'argent et ces renseignements devaient se révéler inutiles, vos enfants se sentirons rassurés lors de leur exploration de nouveaux endroits, en sachant qu'ils peuvent à tous moments retrouver le chemin les ramenant chez eux, même si ce chez eux n'est que temporaire.

Bien étiqueter les bagages

En plus d'apposer des étiquettes sur le côté extérieur de vos bagages, écrivez-y vos nom, prénom et adresse sur un bout de papier collé à l'intérieur, sans oublier d'y ajouter les nom et numéro de la personne à joindre en cas d'urgence.

Vos objets de prix

Laissez-les chez vous. Portez votre caméscope sur vous à tous moments. Verrouillez votre chambre et votre véhicule avant de les quitter et rangez tout objet précieux hors de portée des voleurs. Servez-vous de chèques de voyage plutôt que de valeurs en espèces. Laissez toutes vos cartes de crédit à usage local ou moins utiles à la maison. Au cas où vous décideriez d'emporter des objets de valeur, profitez des coffres de sûreté mis à votre disposition dans les hôtels et motels où vous logerez.

Lors de séjours à l'étranger, surveillez particulièrement vos passeports. Emportez de préférence des sacoches ou des sacs individuels pouvant être portés en bandoulière.

Et les inconnus?
Sont-ils des amis en puissance ou de parfaits étrangers?

Rencontrer et converser avec d'autres familles font partie des expériences parmi les plus intéressantes que votre famille et vous ferez en voyage. Que vos enfants sachent qu'il est parfaitement sans danger de converser en route avec les gens, mais qu'ils ne devraient jamais aller nulle part avec quelqu'un d'autre qu'un membre de la famille, même pas pour un court instant.

Au cas où vos enfants se perdraient, ils ne devraient jamais demander de l'aide à quiconque, sauf si la personne est clairement un représentant de l'autorité locale (de par ses insignes ou son uniforme). Ils ne devraient pas s'éloigner de l'endroit où vous vous trouvez, que ce soit un magasin grande surface, la grand-place d'une ville ou un terrain de jeux. Si des inconnus essaient d'enlever vos enfants, la meilleure chose que ces derniers puissent faire est d'hurler à pleins poumons: «Je ne vous connais pas! Je ne vous connais pas! Au secours! Au secours!»

Faites attention à ce qu'indiquent les écriteaux

Lors des randonnées familiales, la plupart des accidents se produisent par suite du manque d'attention prêtée aux avertissements inscrits sur les écriteaux. Si on y lit: «Défense de pénétrer sur le terrain de cette propriété», ou «Ne pas dépasser cette ligne», restez où vous êtes. Il y a suffisamment de choses à voir sans devoir franchir ces limites clairement établies!

17 *Comment rester reconnaissable en tant que famille*

*L*orsque vous voyagez en famille, gardez à l'esprit que vous constituez un groupe soudé et homogène. Qu'on puisse vous reconnaître en tant que tel!

Les signes identiques d'appartenance au même groupe

Il se peut que vous choisissiez de faire porter à tous:

- des maillots de corps identiques.
- des casquettes ou visières semblables.
- les mêmes sacs ou fourre-tout de plage d'un style assorti.

Un habillement aussi uniforme est pratique en visite aux endroits où il pourrait y avoir foule. Il vous sera ainsi plus facile de vous repérer les uns les autres. Il se pourrait bien aussi que de parfaits inconnus viennent vous voir et s'écrient: «Ça, c'est une idée!» ou «Génial!» Vous pouvez être sûrs que vos signes identiques d'appartenance au même groupe inciteront à plus d'une entrée en matière.

Choisissez des signes identiques d'appartenance au même groupe, agréables à porter pour toute la famille. Faites preuve de créativité. Portez quelque chose d'original, haut en couleurs, mais choisi selon les occasions.

Un sifflet pour chaque membre de la famille

Est-ce que chaque membre de la famille a son propre sifflet au timbre reconnaissable par tous? Ces instruments peuvent être utiles au cas où vous devriez retrouver une de vos brebis égarées. Vous pourriez profiter de vos vacances pour mettre à l'épreuve l'efficacité d'un tel avertisseur. Choisissez, ce faisant, des notes faciles à retenir et que tous les membres de la famille sauront jouer.

Signe de repérage de la voiture

Attachez un foulard, un ruban de couleur ou tout autre objet imperméable à l'antenne de votre véhicule (à moins que celle-ci ne soit télescopique bien sûr) pour qu'il soit plus facile de retrouver votre véhicule dans un grand parc de stationnement. Retenez l'endroit où vous avez garé votre voiture en quittant le parc. Notez les lettres de repérage de votre aire de stationnement au dos d'un talon de ticket ou de reçu, et conservez-le dans votre portefeuille, votre sacoche ou sur la semelle intérieure de vos souliers.

18 *Un chez-soi loin de la maison*

Vos objets familiers préférés

*E*mportez quelques objets familiers pour aider votre famille à recréer une atmosphère familiale où que vous soyez en voyage.

Vous pourriez décider d'emporter:

- un petit magnétophone et quelques-unes de vos cassettes préférées. Comme dans toute famille, chacun a son style de musique bien à soi. Si vous ne parvenez pas à tous vous mettre d'accord sur le type de musique douce ou d'albums à écouter, avant d'aller au lit ou en changeant de vêtements le soir avant d'aller dîner, faites circuler le magnétophone et les écouteurs.

- quelques-unes des photos que vous aimez le plus, dont celles de l'animal de la famille laissé à la maison, celles des grands-parents ou d'autres membres de la famille que vous voyez fréquemment lorsque vous êtes chez vous, ou les photos des meilleurs amis de vos enfants.

- Votre propre oreiller ou courtepointe. Un oreiller ou une petite couverture rassureront vos enfants en bas âge, leur permettant ainsi de s'habituer progressivement à des chambres et à des lits inconnus.

- Ces deux articles peuvent également se révéler utiles en avion ou en voiture, et faciliter les siestes.

- Une petite veilleuse, ou deux, aideront probablement la famille à se sentir mieux dans un cadre étranger et elles pourront aussi servir de dispositif de sécurité.

Comment ajouter à votre foyer temporaire votre petite touche personnelle

Rangez toutes les brochures et dépliants contenant les informations et la publicité fournis par l'hôtel ou le motel, les instructions de montage des tentes et vos dossiers dans un tiroir. Puis, oubliez-les, à moins que vous n'ayez besoin de les consulter pour vous prévaloir d'un service offert par l'endroit où vous logez. Si personne ne fume dans votre famille, enlevez les cendriers.

Si vous avez l'intention de passer plusieurs jours dans la même chambre – surtout dans un lieu de villégiature familial ou dans la suite d'un hôtel – et que vous êtes susceptibles de rester dans votre chambre pour de longues périodes, vous pourriez choisir de l'orner d'un bouquet de fleurs fraîches. Si vous décidez de garder la chambre plusieurs heures de suite et sentez que l'éclairage y est insuffisant, demandez qu'on l'améliore ou que l'on vous fournisse une lampe supplémentaire.

Si votre futur lieu d'hébergement prolongé est un véhicule de loisirs ou un terrain de camping, arrangez-vous pour ajouter une touche toute personnelle et particulière à votre nouveau logis – en plaçant, par exemple, une table de jardin à l'extérieur, au centre de laquelle vous disposerez des pommes de pin ou des pignes ramassées dans la forêt voisine, une cruche pleine de coquillages recueillis sur la plage, ou, tout autour de la table, vos chaises de jardin apportées de votre mobilier de patio familial.

Plus votre logis temporaire sera confortable et plus vos enfants s'y sentiront détendus et chez eux.

19 *À chacun son petit coin bien à soi*

*F*aites-moi de la place!

C'est probablement une des rengaines les plus fréquemment entendues lors de vacances familiales. Les adultes sont prêts à tout pour défendre leur droit à «un peu d'intimité». Les enfants aussi, surtout les adolescents. Autant que possible, assurez à chaque membre de votre famille son espace vital.

Si papa souhaite passer la matinée à faire de la course à pied, eh bien soit!

Si maman veut goûter les délices d'un bain pendant une heure dans la baignoire, laissez-la y macérer et emmenez vos enfants acheter tout ce qu'il faut pour faire un pique-nique à l'épicerie la plus proche.

Si un de vos adolescents désire paresser sur le balcon pendant quelques heures pour y écouter de la musique avec ses écouteurs et son lecteur de disques compacts, eh bien soit également!

Si une de vos filles préfère rester dans sa chambre et y lire son livre plutôt que d'aller nager, laissez-la faire (tout en lui recommandant de verrouiller sa porte).

Faire de la place

Assurez-vous que chacun a sa place bien à soi dans le véhicule qui vous sert à voyager et dans tout lieu d'hébergement pendant vos pérégrinations.

Si vous rendez visite à des parents ou à des amis et que vos enfants passent la nuit dans des sacs de couchage sur le plancher de la salle de séjour, réservez-leur le lendemain une retraite où ils pourront se retirer avec leurs affaires et dans leur propre univers.

L'espace de rangement personnel que vous attribuez à chacun, tel un tiroir de bureau, une table de nuit ou un espace d'un mètre cube dans une armoire doit rester sacré. Que chacun sente que c'est son espace privé en y remisant ses propres effets. Que chacun soit responsable de l'ordre y régnant et de sa propreté. Chacun devrait au moins disposer d'une moitié de lit. Laissez vos enfants s'y pelotonner, y rêvasser, y faire un somme ou y lire en paix.

Disposer de suffisamment d'espace vital

Les voyages familiaux ne se déroulent que trop souvent à l'intérieur d'espaces fort restreints. Confiner vos passagers dans un espace de transport trop petit est propice aux conflits. Si vous êtes six ou sept, louez plutôt une camionnette. Même une voiture pouvant en principe contenir six passagers en accommode rarement plus de quatre pendant un voyage de plus de cent cinquante kilomètres pour être bien à l'aise.

Songer à profiter des avantages offerts par une suite de motel ou d'hôtel lors de votre voyage. Leur tarif de location est souvent raisonnable. Vous y disposerez en général de deux pièces: une salle de séjour avec cuisine, table de salle à manger et canapé-lit, et une chambre avec salle de bains. Quatre ou cinq personnes y tiendront à l'aise, chacun disposant de son propre coin ou refuge. Par ailleurs, avec la suite, nombre d'hôtels fournissent aussi un déjeuner gratuit et il y a accès à une piscine et à une aire de jeux couverte – toutes choses qui accentueront davantage l'impression de liberté et d'espace protégé propice aux ébats, et que la famille ressentira.

Les possibilités de se retirer en soi-même et les moments de rêvasserie

Nous passons tous par des journées ou des périodes durant lesquelles nous ressentons le besoin de méditer ou de réfléchir. Si, au cours d'une journée ou partie de journée données, un des membres de la famille se montre peu loquace, laissez-le tranquille et abstenez-vous de faire des commentaires ou des histoires.(Si cela cache un quelconque problème, vous chercherez bien sûr à en découvrir la cause). Laissez votre enfant rêvasser à sa guise et donner libre cours à son imagination au fur et à mesure que le voyage se déroule.

Si vous dites à un de vos enfants: «Je suis prêt à te donner de la monnaie pour que tu me révèles tes pensées» et qu'il répond: «Je ne songe à rien en particulier», il vous faudra alors en conclure que la personne concernée souhaite qu'on la laisse seule dans son propre univers. Et ce départ dans un monde fait d'aventures se déroulant à travers un espace imaginaire constitue une expérience tout aussi irremplaçable que celle que l'enfant est en train de vivre avec le reste de la famille.

20 *Le partage des responsabilités*

*R*épartissez les tâches à effectuer de manière à ce que tous s'amusent.

La corvée de conduite

S'il y a plus d'un conducteur dans la famille, relayez-vous au volant toutes les heures ou tous les 150 kilomètres. Le trajet n'en sera que plus vite parcouru pour tous.

Les valises individuelles

Que chacun s'assure lui-même que ses effets se trouvent bien dans la bonne valise, que celle-ci est replacée dans le coffre de l'auto à la fin de chaque séjour et que tous les objets de valeur ou en métal précieux en ont été retirés et mis en sûreté dans une chambre pour la nuit (sans oublier les cassettes, les photos, la nourriture et les bonbons). Au moment de refaire les valises et de quitter la chambre ou le site de la colonie de vacances, au moins deux personnes devraient inspecter les lieux pour voir si on n'y a pas oublié quelque chose et tous devraient participer au chargement de la voiture. Il devrait en être de même tous les soirs au moment d'emménager dans vos quartiers pour y passer la nuit.

Chacun devra assumer à 100 % la responsabilité de son sac de voyage personnel (sauf, bien entendu, dans le cas d'un nourrisson ou d'un enfant qui commence à peine à marcher). Permettez à vos enfants d'avoir leur propre valise. Montrez-leur comment y ranger leurs affaires et comment y disposer leurs vêtements de façon à ne pas les froisser.

Vous voudrez sans doute préparer d'avance et faire le tri des sous-vêtements et vêtements à porter chaque jour en les plaçant dans des grands sacs en plastique qu'on peut fermer. Dans d'autres sacs, vous mettrez les souliers, les maillots de bain, les tenues de nuit et autres menus objets et accessoires personnels. Emportez aussi une grande housse à linge sale en plastique (ou servez-vous de celle mise à votre disposition dans la chambre de votre hôtel). Chacun devra placer lui-même son linge sale dans un sac désigné d'avance.

Au fur et à mesure que les jours passeront, le sac à linge sale de vos enfants se remplira de plus en plus et chaque enfant se retrouvera avec un nombre croissant de sacs à vêtements en plastique, vides. Ils pourront alors s'en servir pour y entasser les souvenirs qu'ils recueilleront en chemin. Ce système permettra de garder de l'ordre dans les valises, aidera à raccourcir les périodes de préparatifs matinaux avant le départ et facilitera le transport des vêtements sales et des maillots de bain encore mouillés, en les gardant à l'écart du reste.

Garder tout en ordre dans la salle de bains

Tous devront laisser la salle de bains en ordre et accueillante pour ceux qui suivront, sans oublier de remettre en place les serviettes et les gants de toilette. Tous devront débarrasser quotidiennement leur aire personnelle dans le véhicule, la tente, la chambre ou la camionnette de tout déchet.

Combien il importe que chacun apprenne à devenir responsable de soi et de ses actes

Tous les membres de la famille devraient constamment savoir où ils se trouvent – sur la carte, en ville, à l'hôtel ou au motel – et où est garé le véhicule sur le terrain de stationnement. Il est essentiel que chacun apprenne à faire preuve de toujours un peu plus de présence d'esprit et de vigilance comme voyageur pendant tout le trajet. Profitez de vos vacances familiales pour enseigner à vos enfants comment lire des cartes routières, comment s'orienter et comment se guider avec sûreté selon les repères du lieu où ils se trouvent pour leur permettre de faire un relevé par rapport à l'endroit où ils veulent aller.

Aider vos enfants à apprendre à se conduire en individus responsables d'eux-mêmes pour tout ce qui a trait à leur sécurité, à leur santé et à la sécurité de leurs effets personnels. Montrez-leur comment plier et tenir un sac à provisions, comment porter une sacoche ou un portefeuille, comment marcher avec assurance et comment éviter en général de se faire agresser. Enseignez-leur comment se servir du petit coin et comment s'abreuver aux fontaines de la façon la plus hygiénique possible. Si vous voyagez à travers des régions du monde où le savon est une denrée plutôt rare, glissez un petit pain de savon enveloppé dans du plastique dans le sac personnel de vos enfants. Il est également bon d'avoir en réserve un petit paquet par personne de mouchoirs en papier.

De bien des façons, les vacances familiales constituent un effort commun de tous les membres de la famille, et si chacun se fait un devoir de les rendre agréables, elles le seront. Elles seront également véritablement merveilleuses pour tous si chacun se montre prêt d'abord et avant tout à veiller à sa propre sécurité, à celle de ses biens matériels, à faire attention à sa santé, et prêt à faire preuve de beaucoup d'initiative pour augmenter le plaisir et stimuler le goût de l'aventure.

21 *Arrêtez-vous fréquemment*

Soyez prêt à faire de fréquents arrêts – même plus fréquemment que ce que vous appelez fréquent!

Plus vos enfants sont jeunes et plus il vous faudra faire halte.

Ne le faites pas de mauvaise grâce, mais plutôt de gaieté de cœur. Il y a quelque chose à gagner à faire des haltes, quelles qu'elles soient, ne serait-ce que le plaisir de s'étirer et de bâiller à s'en décrocher la mâchoire.

Interrompez momentanément votre voyage le plus vite possible si un membre de votre famille:

- annonce son besoin d'aller aux toilettes.
- souffre de nausées lors du transport. Tout enfant souffrant de ce mal aura besoin d'un arrêt de plus d'une minute. Emmenez-le faire quelques pas et encouragez-le à fixer son attention sur des points distants.
- pressent un danger ou est saisi d'une peur soudaine.

Il importe surtout d'y prêter attention chaque fois que vous vous lancerez dans une activité entièrement nouvelle pour vos enfants. Sauter de rocher en rocher pour traverser un torrent peut sembler simple comme bonjour à l'adulte que vous êtes. À vos enfants par contre, cela pourra sembler extrêmement dangereux et ce sera en effet le cas, lorsque ceux-ci passeront à l'acte!

- vous demande de ralentir. Les petites jambes ont parfois bien du mal à suivre, tout comme les vieilles!

- exprime le besoin de s'arrêter un moment pour contempler la beauté du paysage. Il n'est bien sûr pas indispensable de mettre à contribution tous les panoramas qui s'offriront à vous au détour de tous les virages pour faire des haltes et pour contempler chaque détail lors de votre traversée d'un massif montagneux ou le long d'un rivage escarpé, mais savourez-en au moins quelques-uns.

Comment vous dégourdir les membres

Chaque fois que vous proposez une halte pour faire le plein, aller au petit coin, prendre un repas ou pour «se refaire une beauté», sortez de la voiture et étirez-vous. Courez un instant sur place. Courbez-vous et essayez d'atteindre vos orteils avec vos doigts. Faites de grands cercles de côté avec vos bras, penchez-vous latéralement et pivotez ensuite autour de votre taille. Réactivez votre circulation sanguine. Si vous disposez de plusieurs récipients à boisson vides, prenez quelques minutes pour jouer ensemble. Servez-vous des récipients vides comme de ballons de basket-ball, le contenant à ordures en bord de route pourra servir de but. Vous ferez ainsi d'une pierre deux coups: vous amuser tout en vous détendant.

La pause des «macaques hurleurs»

En voyage, certaines familles font halte au moins une fois par jour pour hurler à pleins poumons. Ils s'arrêtent à une bretelle d'autoroute ou en s'engageant sur une sortie à voie rapide dans un coin isolé. Tout le monde descend alors de l'auto, pousse des hurlements de macaques en émoi pendant quelques minutes, puis chacun retourne au véhicule.

En hurlant, tous émettent parfois à l'unisson des mots choisis ensemble d'avance et à d'autres moments, ils se servent tout simplement du cri primaire international: a-a-a-a-g-g-h-h! Cet exercice permet de se libérer du stress physique et émotionnel accumulé, rend le voyage un peu plus intéressant et fournit à tous l'occasion de rire un bon coup.

Qu'est-ce qu'une demi-heure de plus?

Il était une fois un père irrité, car il devait souvent s'arrêter à cause de ses enfants. Il décida alors, la journée suivante, de faire le total de toutes les minutes perdues lors des arrêts intempestifs. Son intention était bien sûr de se constituer un dossier solide pour défendre sa thèse. Chaque halte fut chronométrée à la seconde près et le temps total d'arrêts imprévus fut comptabilisé. À la fin de la journée, le chiffre total s'élevait à trente-deux minutes. Sa conclusion? Sa femme et ses enfants avaient passé une merveilleuse journée de voyage tandis que lui s'était empoisonné la vie à surveiller combien de temps avait été gaspillé. En fin de compte, il dut même admettre que ce retard d'une demi-heure les avait aidés à éviter l'heure de pointe dans une ville importante traversée en cours de route.

S'arrêter quelques minutes de plus sur demande vous empêchera rarement d'arriver à l'heure à destination. Par contre, c'est ce qui fera toute la différence entre un voyage gâché ou réussi, pour vous et pour votre famille.

22 *Marquez la fin de la journée*

*L*a fin d'une journée de voyage mouvementée devrait être marquée d'une façon toute particulière pour toute la famille. La plupart des familles se livrent chez elles à leurs propres rituels du coucher. Continuez à pratiquer le vôtre de votre mieux pendant votre voyage ou adoptez-en un nouveau à cette occasion.

Peut-être voudrez-vous :

- que l'un d'entre vous lise à voix haute une histoire au reste de la famille une fois que tout le monde sera en pyjamas.

- que tous se livrent à un combat désopilant à coups d'oreillers ou à des concours de chatouilles.

- que l'on fasse une prière en famille.

- que tous se souhaitent une bonne nuit en chantant ou en récitant un poème ensemble.

- lire vous-même un passage de la Bible ou raconter quelques-unes de vos histoires préférées, ou commenter certaines citations.

- que tous s'étreignent et s'embrassent les uns les autres.

- que tous se livrent à un ou plusieurs des rituels proposés ci-dessus !

Comment terminer sur une note agréable

D'une façon ou d'une autre, mettez un terme à votre journée. Ce faisant, vous permettez à vos enfants de trouver le calme et d'aller se coucher.

Il se peut que vos enfants interprètent les premiers jours comme étant une fête ou même une fête nocturne. Les conversations pourront se prolonger longtemps après la tombée de la nuit et après une journée particulièrement réussie ou riche en péripéties. Prévenez vos enfants qu'une fois les lumières éteintes et le dernier «bonne nuit» souhaité, l'heure sera venue de rechercher paix et sommeil.

Comment terminer sur une note positive

Vous vous apercevrez que mettre un terme agréable à vos journées est une bonne façon de reposer votre mémoire de manière positive après les journées passées, même si celles-ci ont été remplies de moments imprévus, que vous auriez préféré ne pas vivre, ou même de périodes désagréables. La fin de la journée est le moment de:

• demander «pardon» à tous.

• parler de ce qui n'a pas fonctionné et de se promettre de faire mieux le jour suivant.

• se remémorer les incidents pénibles et d'en rire.

• séparer le bon grain des instants positifs, de l'ivraie des négatifs.

Marquer la fin de vos journées de façon positive peut contribuer à prévenir que le poids des blessures et de la colère, accumulées par chacun, ne s'accentuent de jour en jour. C'est un moyen de forger des relations tandis que la nuit permet de panser des bobos qui autrement s'infecteraient en plaies purulentes.

23   *Des rires et des câlins*

*L*e besoin de rire et de s'étreindre les uns les autres ne doit pas être sous-estimé. Rien d'autre ne peut vraiment combler cette nécessité si on veut que la famille reste unie et passe de bonnes vacances!

Un câlin par jour...

Commencez et terminez vos journées par des câlins à toute la famille. Puis, pendant la journée, démontrez ainsi périodiquement votre affection à vos enfants. Ne serait-ce qu'en marchant le bras fraternellement passé autour de leurs épaules, alors que vous visitez un endroit, ou en les étreignant soudain avec affection, lors d'un arrêt-promenade. Sautillez en tenant vos enfants par la main ou marchez bras dessus, bras dessous en déambulant dans une ville après le dîner. Encouragez vos enfants à sentir qu'un lien les rattache tous les uns aux autres, ainsi qu'à vous.

Un rire par jour...

Suscitez un prétexte pour rire au moins une fois par jour. Même si rire de bon cœur est généralement un réflexe spontané, il arrive parfois qu'il faille relancer le mouvement. Quoique plutôt forcés au début, ces accès d'hilarité feront bientôt place à une atmosphère plus détendue, propre à encourager un fou rire naturel.

Que tous se gardent de rire de la ou des façons suivantes:

- en se moquant d'*autres membres* de la famille. Si ceux-ci s'en offensent, arrêtez immédiatement. En même temps, encouragez vos enfants à rire d'eux-mêmes. La meilleure façon de leur donner l'exemple est de vous montrer prêts à le faire de vous-mêmes!

- en se montrant vulgaire ou grossier. Il y a suffisamment de mésaventures, de situations équivoques et de faux pas sans qu'il faille en plus recourir à de tels moyens.

- en se moquant de la race, de la culture, de l'infirmité ou de l'embonpoint d'autrui. Vous ne feriez alors que renforcer des attitudes que vous voudrez ensuite combattre.

Voici plusieurs façons de susciter des moments d'hilarité:

- Apportez avec vous un recueil d'humour ou de devinettes. Il se peut qu'il fasse naître en vous des grognements désapprobateurs au lieu des rires attendus, mais de tels ouvrages contribuent généralement à détendre l'atmosphère.

- Livrez-vous à une session de chatouillements d'environ trois minutes. Que tous en soient également victimes. Fixez-en les règles d'avance: les endroits du corps à ne pas toucher, les coins de la pièce à éviter pour plus de sécurité, etc.. Réglez un chronomètre ou un réveil électronique (ceux, à affichage numérique, de la plupart des chambres d'hôtel, conviendront parfaitement!). Ne dépassez pas les trois minutes, mais que tout le monde rie à cœur joie.

- Demandez à vos enfants de créer des petites scènes comiques pour occuper vos soirées de détente. Encouragez-les à monter sur les planches avec des costumes ou des accessoires amusants pour rendre leurs représentations théâtrales encore plus divertissantes.

- Apprenez de nouveaux mots ou phrases imprononçables.

- Faites appel au vieux truc du «Regardons-nous dans les yeux sans rire». C'est un moyen infaillible de provoquer les rires.

- Un autre moyen qui a fait ses preuves est de jouer à «Je pose ma tête sur ton ventre»: tout le monde s'étend sur le dos en posant sa tête sur l'estomac d'un des autres membres de la famille. Il suffit qu'une personne se mette à pouffer ou essaie d'étouffer son envie de rire pour que tous éclatent d'un rire incontrôlable.(Ce jeu réussit bien sûr encore mieux dans une famille d'au moins quatre personnes).

- Mettez-vous tout simplement à rire et quelqu'un d'autre vous emboîtera bientôt le pas. Le rire, même sans raison apparente, est contagieux.

Les sourires comptent aussi

Souriez à la ronde de toutes les façons possibles: des sourires subtils et dissimulés, en passant par les sourires plus amples et fendus jusqu'aux oreilles. Les sourires, de même que les bâillements et les rires contaminent rapidement tout entourage humain.

Partagez vos rires et sourires avec les employés, les serveurs et vos compagnons de voyage. Vous n'en aurez que plus d'agrément et vous n'en recevrez qu'un meilleur service. Les gens aiment partager des bons moments ensemble et servir ceux qui apprécient la convivialité.

24   *Le sac à surprises familial*

Surprise!

*G*lissez dans vos bagages un petit sac ou une petite valise pleine d'objets amusants, tels que:

*   des livres d'humour et de devinettes.

*   un livre d'histoires (demandant plusieurs jours de lecture à voix haute par toute la famille).

*   une balle ordinaire ou en éponge (molle ou de tennis).

*   un frisbee en plastique.

*   un sac de billes.

*   un jeu d'osselets et une balle en caoutchouc.

*   une corde à sauter.

*   une boîte de crayons et quelques cahiers à colorier.

(Je connais un adolescent qui a passé ses heures de vacances à colorier un livre rempli de formes compliquées, chose qu'il n'aurait faite pour rien au monde lorsque ses amis étaient chez lui, mais dont il tira grand plaisir en cours de route).

*   quelques magazines, livres, puzzles ou jeux divers.

Si vous vous retrouvez à court d'idées, faites une petite visite à votre librairie ou à votre magasin de jouets locaux. Même si vous n'achetez rien, cela vous rappellera probablement des objets que vous avez chez vous et que vous pourriez emporter.

Il peut être amusant de garder le contenu de ce sac secret et d'en sortir une de ses surprises périodiquement au cours du voyage afin de vous livrer à une activité divertissante pour tous.

Les activités d'intérieur et d'extérieur

Maintenez l'équilibre entre les objets destinés à encourager des activités d'intérieur ou d'extérieur. Emportez des objets qui ne fondront pas sous l'effet de la chaleur régnant à l'intérieur de votre coffre. Lors de la sélection des objets à emporter, choisissez ceux qui ne nécessitent pas l'emploi de piles et qui sont en partie démontables ou se présentent en pièces détachées. Si vous décidez d'emporter un jeu de société, assurez-vous qu'il est complet avant de partir. Choisissez de préférence des jeux magnétiques ou à fiches; ils résistent en général mieux au voyage.

Avant de partir, faites l'inventaire de tout ce que vous emportez dans votre sac à surprises familial. Consultez cette liste périodiquement par la suite pour voir si tous les objets empruntés ont bien été retournés.

25 *Des histoires à échanger*

*A*lors même que vous vous trouvez en voiture, en avion ou à bord d'un bateau, divertissez-vous en échangeant des histoires.

Les livres

Ces histoires peuvent provenir d'un livre que vous lisez à voix haute aux autres membres de la famille. Que tous ceux qui en sont capables le fassent à leur tour. Vous pouvez lire pendant le voyage (tant et aussi longtemps que le lecteur ne souffrira pas de nausée en voiture, bien entendu), pendant et après la pause-déjeuner dans un parc ou avant de vous coucher. Choisissez de préférence des histoires pleines d'aventures, de personnages bien campés, riches en descriptions et dont les intrigues susciteront débat et réflexion.

Attardez-vous aux classiques pour enfants et vous ne le regretterez pas. Les histoires de Robert Louis Stevenson conviennent particulièrement à ce genre d'activité: *L'Île au trésor*, *Voyage avec un âne à travers les Cévennes* et *L'enlèvement*, ainsi que *Robinson Crusoé* de Daniel Defœ, *Les Voyages de Gulliver* de Jonathan Swift, *Alice au pays des merveilles* de Lewis Carroll et *Les Aventures de Sherlock Holmes* de sir Arthur Conan Doyle.

Si vous choisissez un livre qui prendra plus de temps à lire que la durée de votre voyage, donnez le coup d'envoi à votre cercle familial de lecture, quelques jours avant votre départ ou bien continuez-le après votre retour. Peut-être aurez-vous ainsi inauguré une nouvelle tradition familiale!

(Choisissez des ouvrages convenant à l'âge de vos enfants. Que les séances de lecture ne soient pas trop longues, pas plus de 10 minutes chaque fois).

Les cassettes audio

Au lieu de lire directement dans des livres, vous pouvez aussi en écouter les enregistrements exécutés par des narrateurs ou des comédiens professionnels. Allez à votre bibliothèque municipale pour voir lesquels sont disponibles et vous en reviendrez probablement étonné de la variété des titres qui s'y trouvent. Vous aurez peut-être aussi envie d'y emprunter un cours d'apprentissage enregistré dans une discipline quelconque ou une série de cassettes pouvant vous servir de mentor afin d'apprendre à bâtir votre confiance en vous-même ou à adopter une attitude plus positive.

Les adolescents apprécient tout particulièrement les cassettes. Même si, au début, un livre ou un sujet ne semble pas les intéresser, après avoir écouté la première cassette, leur humeur changera probablement du tout au tout.

Les magazines

Achetez des magazines avant de partir et donnez-les à vos enfants lorsque vous sentez qu'ils s'ennuient.

La création collective d'un conte

Créer un conte en famille peut se révéler être une expérience particulièrement éducative et amusante. L'un d'entre vous racontera le début de l'histoire en dépeignant avec force détails les nouveaux personnages ou lieux où elle se déroule. Laissez cette personne échafauder le conte pendant quelques instants avant que la suivante ne prenne la relève. Un autre membre de la famille pourra alors créer l'intrigue à sa guise, y introduire de nouveaux personnages ou voyager dans le temps au futur, ou au passé.

Vous voudrez sans doute enregistrer votre histoire sur cassette pour pouvoir en rire et la réécouter plus tard. L'activité consistant à vous constituer une collection de cassettes où sont enregistrés les contes créés collectivement par la famille vous restera comme un des plus précieux trésors rapportés de vos vacances. Sa valeur n'en sera que plus grande au fil des années.

Les histoires invraisemblables

Choisissez une des catégories suivantes, et que chaque membre de la famille raconte une histoire en la prenant comme sujet de départ:

- Le jour où je me suis senti le plus gêné.

- La pire chose qui puisse m'arriver.

- Le moment le plus effrayant que j'aie vécu.

- L'histoire la plus terrifiante que j'aie jamais entendue.

Encouragez tout le monde à élaborer sur le sujet aussi hardiment que possible en exposant pourquoi cet événement mérite ou méritait d'être mis au superlatif. Le récit de telles anecdotes permet souvent à tous de débattre des phobies les plus courantes et d'apprendre à y faire face.

26   *Un quart d'heure nostalgique*

*P*asser les vacances en famille permet à ses membres d'en resserrer les liens, de ressusciter le passé commun et d'approfondir les sentiments d'appartenance et d'héritage collectif.

Quand grand-papa et grand-maman étaient jeunes

Donnez à vos enfants un aperçu de l'enfance de leurs grands-parents, de comment et où ces derniers ont grandi, de leur première rencontre, de leur mariage, et de comment la vie se déroulait dans la maison de votre enfance. Le fait que grand-mère ait été un jour aussi jeune qu'eux et que grand-père n'ait pas toujours eu les cheveux blancs, cela ne laisse pas de surprendre quantité d'enfants.

Votre histoire à vous

Racontez votre passé à vos enfants, en relatant les expériences de façon qu'ils puissent les trouver intéressantes et établir un lien avec celles-ci. Ne les accablez pas avec vos échecs ou moments pénibles. Faites-leur part des endroits et des gens qui vous ont enchantés, ainsi que de vos heures de gloire.

Quand vous étiez petits

Racontez les anecdotes qui ont marqué les premiers pas et les premières années de vos bébés et tout-petits:

leurs premiers mots et leurs premiers pas, leurs premières attirances et leurs premiers dégoûts. Ces histoires amusantes, pleines de vie, émouvantes donneront à vos enfants le sentiment qu'on les a toujours aimés et désirés. Il est parfaitement inutile de leur raconter combien il fut difficile de les mettre au monde. Par contre, il est tout à fait approprié de leur relater combien leur papa était affolé en transportant maman d'urgence à la maternité et combien ce fut merveilleux pour elle de les sentir naître!

Les moments vécus ensemble

Jouez à «Vous vous souvenez quand...?» Les enfants ont tendance à oublier les expériences du passé et quelques-unes de celles que vous pourriez croire oubliées pourraient bien avoir laissé une profonde empreinte dans la mémoire de vos enfants. Aidez-les à percevoir que le passé avait du bon et du mauvais, mais que dans l'ensemble, et jusqu'à aujourd'hui, vous êtes restés unis, vous voyagez volontiers avec eux et que leur présence dans votre vie vous réjouit.

Les sessions de questions-réponses

Autorisez vos enfants à vous poser des questions en toute liberté sur votre vie ou celle de leurs grands-parents, de leurs oncles et de leurs tantes. Répondez-y aussi clairement et honnêtement que possible. Si vous n'avez pas particulièrement envie de répondre à une de ces questions, dites à vos enfants que vous le ferez un jour, mais que le moment n'est pas encore venu de le faire. Passez alors à la question suivante.

Nostalgie, nostalgie quand tu nous tiens!

Lors de vos voyages familiaux, il se peut que vous retourniez aux endroits, villages ou villes natales qui vous rappellent des souvenirs auxquels vous attachez une importance toute particulière comme parents. Il est fort probable qu'une visite nostalgique et enchanteresse pour vous sur les lieux où s'est déroulée votre enfance, ennuiera vos enfants à mourir, sauf si vous rendez cette excursion plus palpitante en l'ornant de récits propres à faire travailler leur imagination.

Ne vous contentez pas de décrire l'aspect passé des choses; dites comment vous vous sentiez alors et racontez les anecdotes se rattachant aux divers endroits visités. Parlez de quelques-uns de vos amis ou des gens que vous connaissiez dans le voisinage, et de ce qu'ils ont fait qui vous est resté en mémoire. Aux yeux de vos enfants, le collège d'enseignement secondaire où vous avez étudié ou la maison où vous avez vécu à l'âge de six ans ne représente qu'un vieil édifice de plus. Par contre, les histoires qui vous concernent, rendront le récit de votre biographie beaucoup plus attrayante.

27 *En avant la musique!*

$\mathcal{M}$énagez-vous une heure de musique pendant le voyage. Que chaque membre de la famille en enrichisse le programme en y insérant ses dix ou quinze minutes personnelles. Pour ce faire, chacun devra bien sûr emporter avec soi quelques-unes de ses cassettes préférées.

Il se peut que vous abhorriez le choix musical de vos enfants, et eux le vôtre, mais vous accepterez de l'écouter de bonne grâce pour tisser des liens plus étroits avec eux et afin d'aider à rétrécir le fossé séparant votre génération de la leur.

Entre toutes les pièces musicales:

- discutez des paroles composant le texte des chansons choisies, soit de celle que vous venez d'écouter ou de celle qui est sur le point de bercer ou écorcher vos oreilles. Et que la personne ayant choisi un morceau puisse aussi le présenter sous son jour le plus favorable.

- posez des questions ou donnez des détails sur les artistes dont vous écoutez les bandes enregistrées. Quelles autres œuvres écrites, chantées ou interprétées les ont rendus célèbres?

- débattez du style ou du genre des œuvres musicales appréciées ensemble et de leurs nombreuses qualités, en comparant les qualités des différents artistes à

celles de leurs collègues et en commentant leur car-
rière.

Si la musique préférée de vos enfants vous intéresse
et que vous aimeriez en savoir plus, il y aura alors de
fortes chances que ceux-ci vous rendent la pareille.

Essayez les stations de radio

Si vous n'avez pas emporté de cassettes, essayez
certains postes de radio locaux. Il se peut que vous réus-
sissiez à capter quelque chose de vraiment inhabituel,
comme de la musique traditionnelle du Japon au programme d'une station roumaine ou une chorale de chant
profane catalan sur une station tunisienne. Ici aussi, limi-
tez votre temps d'écoute à dix ou quinze minutes par
station essayée. Ainsi, personne n'aura de mal à faire
preuve de tolérance envers les goûts des autres membres
de la famille.

Avant de décider de prolonger une période d'écoute,
il est bon de demander à toute la famille de passer au
vote: «On continue à écouter cette station? Si la réponse
est non, changez de station. Mais il pourra arriver que vos
enfants ressentent un véritable intérêt pour le débat radio-
phonique présenté ou le poste émettant les bonnes vieilles
rengaines du bon vieux temps ayant attiré votre attention.
Si tel est le cas, accordez-vous quinze minutes de plaisir
de plus.

Chantons en chœur

Apprenez à vos enfants quelques-unes des paroles
de vos chansons préférées, apprises dans votre enfance.
Chantez de vieux cantiques et des morceaux d'antan pour
chœurs traditionnels que vous chantiez, mais qui sont
probablement inconnus de vos adolescents. Faites-leur
part de la façon dont certains de ces airs vous rappellent
des souvenirs et réveillent certaines émotions en vous.

Demandez à vos enfants de vous apprendre à leur tour certains des airs qu'ils ont appris à l'école ou qu'ils aiment chanter dans la douche. Mettez ainsi votre répertoire au goût du jour!

28 Des jeux de mots pour les voyageurs

*L*orsque vous ne savez pas trop de quoi parler, tournez-vous vers quelques-uns des jeux plus traditionnellement réservés aux voyageurs.

Le jeu de l'espion

Relayez-vous tous pour repérer des objets inhabituels en chemin et pour fournir des indices permettant de deviner de quoi il s'agit. Introduisez une variante à ce jeu en demandant aux membres de votre famille de noter combien de fois ils aperçoivent un mot désigné, au cours d'une certaine période (une demi-heure par exemple) ou jusqu'à ce que vous fassiez une halte. Que tous guettent des mots tels que:

- ville;
- château;
- musée;
- abbaye.

Le mot choisi peut faire partie d'un autre mot ou être rattaché à celui-ci par un trait d'union. Le premier joueur qui repère ce mot sur un écriteau ou sur un véhicule gagne un point de plus. Le gagnant est celui qui en aura réuni un maximum à la fin de la période ou de la section de trajet fixées.

Le jeu de l'alphabet

Faites un choix parmi plusieurs rubriques, exemple:

- «J'ai si faim que je mangerais...»

- «Si on me donnait le choix de ma destination autour du monde, j'irais...»

- «Si on me donnait le choix de mon animal favori, je choisirais...»

- «Si j'étais Heidi et que j'étais en train de m'habiller pour partir en voyage, je mettrais...»

Remplissez les espaces vides avec vos choix de mots allant de *A* à *Z* – en d'autres termes d'ail à zodiaque, d'Australie à Zambie, d'albatros à zèbre et d'aube à zénana. Faites le tour, d'un membre de la famille à l'autre. Si l'un d'entre vous ne réussit pas à trouver un mot correspondant à la lettre annoncée en moins de dix secondes (ou toute autre période limite fixée d'avance) il est mis hors jeu. Le dernier à y rester est le gagnant.

Une variante à ce jeu est de repérer des mots commençant par des lettres de l'alphabet sur des affiches ou sur des écriteaux.

La manie du repérage des plaques d'immatriculation

Vérifiez combien de pays vous réussissez à repérer d'après leur plaque d'immatriculation. Notez les abréviations que vous verrez. Quel est le numéro de plaque le plus élevé aperçu pendant la journée?

29 Le théâtre de marionnettes ambulant

*B*âtissez votre propre théâtre de marionnettes et emmenez votre troupe avec vous.

En voiture

Avant de partir, réunissez quelques petits sacs en papier et une grosse boîte de crayons. Ajoutez tout cela à votre sac à surprises. Au cours du voyage, laissez vos enfants décorer les sacs pour en faire des marionnettes. Créez-leur des rôles, puis inventez des histoires dont elles seront les vedettes.

En avion

Si vous voyagez en avion, profitez des sacs mis à votre disposition pour le mal de l'air dans les pochettes directement en face de vous pour que chaque membre de la famille crée sa marionnette d'amusement en vol ou après votre arrivée. (Si vous ne trouvez aucun sac, demandez à l'agent de bord de vous en fournir quelques-uns).

Une jeune maman s'est servie un jour de telles marionnettes pour calmer les pleurs de ses jumeaux en bas âge alors qu'ils l'accompagnaient en avion et qu'ils s'ennuyaient. Elle envoya alors les marionnettes faire un voyage imaginaire hors de l'avion, gambader sur les nuages peuplant les cieux, faire du toboggan le long d'un arc-en-ciel occasionnel et les fit sursauter pour éviter les éclairs traîtres des orages.

Une marionnette enfilée sur chaque main, elle les garda ainsi en haleine pendant plus d'une demi-heure, moment auquel le pilote avait déjà bien amorcé la descente de l'avion avant d'atterrir.

Les marionnettes permettent aux enfants de donner libre cours à leurs émotions et à leurs sentiments les plus intimes. Elles offrent de vastes perspectives à leur imagination et leur permettent de révéler au grand jour ce qu'ils ne soupçonnaient pas eux-mêmes renfermer de possibilités ou de potentialités cachées.

Les marionnettes et chaussettes enfilées sur les doigts peuvent avantageusement servir de substituts aux sacs en papier.

30 *Des listes et des journaux de bord*

*L*es commandants de bord tiennent à jour leur journal de vol, comme tout amateur de la série *Star Trek* aura pu le constater. Il peut en être de même de vos aventuriers en herbe à bord de votre voiture ou camionnette, du compartiment de train, de l'avion, du bateau ou du véhicule récréatif dans lequel vous voyagez.

Faire une liste des détails courants et inusités

Tirez parti de ce que vos enfants remarquent en cours de route. Les stations-services portent-elles différents noms dans cette partie du monde? Et les épiceries? Suggérez à vos enfants de dresser une liste de tous les noms qu'ils remarquent en chemin. Voici quelques-unes des catégories à prendre en considération:

- les noms propres ou de localités comportant la terminaison «ville».

- les noms des différents types de voies de circulation, des autoroutes en passant par les boulevards.

- les marques d'essence.

- les modèles d'automobiles.

- les noms de plans d'eau et de voies navigables (criques, rivières, lacs, baies, petits bras de mer) enjambés par un pont.

Les journaux de voyage

Notez tous les jours votre kilométrage au départ et à l'arrivée. Sur votre carnet de route, vous voudrez sans doute aussi inscrire certaines autres données.

Le nombre de litres d'essence consommés. Donnez à vos enfants un bon exercice de maths à faire. Demandez-leur de vous dire quel est en moyenne le nombre de kilomètres pouvant être parcourus au litre, en partant avec une certaine quantité d'essence. Notez également le nombre de litres d'essence que vous avez consommés et la moyenne quotidienne par litre.

Le nombre de kilomètres parcourus par rapport au nombre d'heures de route. Quelle est la section du trajet parcourue le plus rapidement?

Les beautés naturelles et les sites historiques en *route.* Demandez à vos enfants de faire comme s'ils tenaient un journal de voyage destiné à être utilisé par d'autres voyageurs pour préparer une expédition analogue à la leur. Faites-leur remarquer que les voyageurs du passé ont fait appel aux souvenirs de voyage laissés par leurs prédécesseurs au cours des siècles afin de s'en inspirer et de s'en servir comme guides.

La comptabilité

Consignez toutes vos dépenses de voyage au plan individuel et au plan familial. Évaluez quels jours ont été les plus et les moins chers. Dans quoi votre argent a-t-il été le mieux investi? Faites de tous ces journaux, livres et carnets, des documents officiels au service de la famille: des journaux permanents de vos vacances familiales. Vous pourriez les conserver en plus de ceux tenus individuellement par vos enfants. Imaginez seulement combien de conversations intéressantes toutes ces archives susciteront au cours des années à venir!

31 *Comment voyager à travers le temps et l'espace*

*A*lors que vous traverserez une région particulière, que vous ferez une croisière sur une voie navigable ou une randonnée sur une piste quelconque, laissez votre imagination s'envoler aussi à l'aventure et dans le temps avec votre famille.

Souvenirs d'antan

Demandez-vous: «Comment était-ce dans cette partie du monde? Il y a un siècle, deux siècles, cinq siècles? Si nous avions été touristes qui aurions-nous été alors? Et comment aurions-nous voyagé?»

Demandez: «Que verrions-nous ici – maintenant disparu – aujourd'hui? Que voyons-nous actuellement à cet endroit et qui ne s'y trouvait pas alors?»

Demandez: «Pourquoi, à votre avis, les gens ont-ils bâti une ville ici?» (Repérez un cours d'eau dans le voisinage et discutez en détail du pourquoi la plupart des villes ont été construites près de rivières ou dans des baies).

Voyage dans le futur

Projetez-vous dans le futur et demandez-vous: «De quoi aura l'air cette région dans un siècle, deux siècles, cinq siècles? Si nous sommes des touristes à ce moment-là, qui serons-nous à votre avis et comment voyagerons-nous d'un endroit à l'autre?»

Demandez: «Qu'est-ce qui sera démodé à ce moment-là?»

Voyager dans le temps piquera véritablement la curiosité de vos enfants. Il y a fort à parier que cela donnera lieu à nombre de conversations sur divers sujets et qu'elles porteront sur la protection du milieu ambiant et de l'écologie, en passant par l'histoire des transports et le vaste univers de l'ethnogéographie.

Voyager dans l'espace

Laissez libre cours à votre fantaisie tant en fonction de voyages interplanétaires qu'en fonction d'un voyage à travers le centre de la terre. Demandez: «Si nous creusions un tunnel à travers la terre, où ressortirions-nous? De quoi aurait l'air un voyage vers cet endroit-là?»

Ou demandez: «Si on décidait soudain de nous emmener à 700 kilomètres plus au sud, où nous retrouverions-nous? Quel type de vacances passerions-nous à cet endroit?» Proposez aussi d'autres rayons d'action.

Pour ce type d'activités, il vous faudra un atlas national ou mondial à portée de la main. C'est au cours d'un tel jeu que vos enfants apprendront de nombreuses données géographiques, sans même soupçonner les points communs avec leurs devoirs d'écoliers. Faites de ce jeu votre version familiale de l'émission télévisée «Faut pas rêver!»

32 Comment disserter sur le thème du voyage

*D*iscuter en voyageant est une chose; disserter de voyages et de voyageurs en est une autre. Voici quelques idées de conversations et de discussions pour toute la famille, en route, sur quatre roues, chevauchant une monture à quatre pattes ou sur un tapis volant!

Des voyageurs illustres

Plusieurs semaines avant le départ, encouragez vos enfants à lire un ou deux livres sur des voyageurs célèbres : les odyssées de Henri de Montherlant en Mer Rouge par exemple ou le périple de Magellan autour du monde, ou encore l'aventure spatiale des cosmonautes de la capsule Apollo, ou les voyages de Marco Polo.

Demandez à vos enfants de partager, par le biais de l'imagination, les histoires qu'ils ont lues, comme s'ils se trouvaient au même moment sur le bateau ou dans l'avion dont ils sont en train de parler. Comment nous serions-nous sentis en tant que passagers muets pendant cette traversée en mer ou pendant ce vol-là? Combien de temps le voyage aurait-il duré? Qu'est-il arrivé de remarquable en fin de compte? Soulignez que la plupart des voyages entrepris par des gens célèbres eurent lieu alors que ceux-ci étaient encore bien jeunes et qu'ils partirent seuls. Quelle impression cela vous aurait-il fait d'être un membre de leur famille resté à la maison?

Quelle impression cela vous ferait d'aller à un endroit où personne n'est encore allé à votre connaissance? Y a-t-il encore de tels endroits sur terre? Où? Comment peut-on y aller?

Les grands explorateurs ont-ils véritablement découvert des terres inconnues ou n'étaient-ils que les premiers de leur nation ou culture à les visiter?

De glorieux périples et des itinéraires célèbres

Alors que vous traversez votre pays ou ses régions avoisinantes, discutez de l'itinéraire que vous suivez. Pourquoi a-t-on construit la route que vous êtes en train de parcourir à cet endroit précis? Quels sont les paramètres topographiques qui ont influé sur ce choix? Où sont bâties les voies de circulation par rapport aux fermes, aux rivières et aux voies ferrées? Pourquoi les autoroutes semblent-elles éviter les petites localités? En jetant un coup d'œil à la carte de l'Europe, pourquoi semble-t-il y avoir plus d'autoroutes en Allemagne et en Italie qu'en France?

Les moyens de transport

Vous aurez peut-être envie d'essayer un nouveau moyen de transport pendant vos vacances familiales, soit en tant que moyen unique, vers votre destination principale, soit en tant que bref moyen d'excursion, en cours de route. Vos enfants ont-ils déjà pris le train autrement que dans un parc d'attractions? Ont-ils traversé la Manche en empruntant l'Eurotunnel ou en aéroglisseur? Ont-ils déjà fait une ascension en montgolfière au festival de Saint-Jean-sur-Richelieu au Québec? Volé dans un hélicoptère ou en planeur biplace? Ont-ils déjà fait de l'équitation? Votre voyage pourrait bien être l'occasion rêvée d'essayer un nouveau moyen de transport. Et au retour, que de commentaires passionnés en perspective!

33 *Changer de place*

Ne restez pas tous cloués au même siège pendant tout le voyage. Même si chaque membre de la famille dispose naturellement de sa place attitrée dans la voiture ou dans la camionnette, les vacances sont une occasion idéale pour changer de place et pour apprendre ainsi à appréhender le monde sous un autre angle.

En avant

Que chacun son tour puisse s'asseoir sur le siège avant à côté du conducteur (sauf pour ce qui est des enfants au berceau ou qui en sont à leurs premiers pas; il vaut mieux les laisser attachés à leur siège sécuritaire à l'arrière). Être assis à l'avant produit des sensations très différentes de celles vécues à l'arrière et beaucoup plus de choses palpitantes s'offrent aux yeux de l'observateur.

Que tout le monde puisse s'asseoir au moins une fois près d'une fenêtre, surtout si vous voyagez en avion.

Occupez toutes les places périodiquement à tour de rôle pendant la journée. Subdivisez le temps en périodes et, excepté le siège du conducteur, permettez à chacun d'occuper toutes les positions disponibles dans le véhicule.

Comme parents, vous comprendrez mieux ce que ressentent vos enfants en essayant les sièges arrière vous-mêmes. Vos enfants se sentiront plus valorisés pendant le voyage si vous leur accordez la permission de s'asseoir à côté du conducteur quelques heures par jour.

Les tâches et responsabilités assignées

Qu'à chaque place se rattache la responsabilité d'une tâche à effectuer. Par exemple : la personne assise à la droite du conducteur devra l'aider à repérer les panneaux de la route, à sélectionner les postes de radio ou à distribuer les casse-croûte ou les boissons. La personne assise directement derrière le conducteur pourra avoir pour tâche de remplir le rôle de chroniqueur du voyage. Et la personne à côté d'elle pourra remplir les fonctions de navigateur et de cartographe.

Lors des changements de place, alternez également les rôles.

Le voyage assumera un caractère tout autre si chacun se voit confier plus de responsabilités afin que le voyage soit un succès et si tous en viennent à voir le monde à travers le prisme de leurs compagnons de voyage. Si vous faites partie des privilégiés dont les enfants et les parents détiennent tous un permis de conduire, vous n'aurez aucun mal à vous relayer aux différents postes de votre véhicule.

34   *Des pique-niques*

*S*i vous comptez passer plusieurs jours en voiture lors
de vos vacances familiales, pensez à faire des pique-
niques tous les midis.

Vous pouvez emporter le vieux panier à pique-nique
familial et le remplir de l'essentiel avant de quitter votre
domicile: des assiettes, des serviettes, des plats et des
couverts jetables, ainsi que divers produits et denrées
alimentaires, comme des bouteilles ou des mini-conte-
nants d'eau minérale, du chocolat, des biscuits et des
craquelins. En cours de route, restez à l'affût de tous les
endroits où vous pourrez faire vos courses et faites-y halte
pour vous procurer les ingrédients indispensables à la
confection de sandwiches, et peut-être un mini sac de
glace et quelques fruits.

Vous pourrez préparer vos sandwiches en route, un
pique-nique ambulant en quelque sorte! Ou faire une
halte dans un parc, au bord d'un lac ou d'une rivière de la
région où vous vous trouverez, ou encore à un site amé-
nagé en zone de récréation ou de pique-nique.

Que chacun montre ce qu'il sait faire!

Les pique-niques offrent à une famille en voyage de
nombreuses et excellentes occasions:

* de mettre la main à la pâte et d'aider à préparer les
  déjeuners, donnant ainsi à vos enfants une raison de
  s'activer et d'assumer une responsabilité.

- de déguster des produits plus frais, plus faibles en calories, en cholestérol, en gras et en sel que beaucoup d'aliments offerts dans les comptoirs de restauration rapide; c'est également plus facile de satisfaire les exigences des membres de la famille à la diète.

- de passer à peu près le même laps de temps à préparer et à manger qu'à un comptoir de restauration rapide, même si, avec un pique-nique, on peut mieux organiser son temps.

- de profiter des sites historique ou des beautés naturelles afin d'y installer votre table. Vous jouirez ainsi d'une meilleure vue, d'un meilleur environnement et d'un air plus pur que si vous vous trouviez dans un restaurant.

- d'en apprendre un peu plus sur les habitants d'une autre ville ou localité et de découvrir la variété étonnante de produits qui y sont offerts d'étal en étal.

- d'essayer les spécialités locales, soit dans une boulangerie du pays, soit sur un marché.

- d'essayer une grande variété de nouveaux produits, différents de ceux de votre région, même s'il vous faudra sans doute faire des compromis avec certains membres de la famille.

- de dépenser par repas à peu près le même montant que ce que vous dépenseriez à un comptoir de restauration rapide, valeur nutritive en moins, en fait, nettement moins!

- de ne pas avoir à vous préoccuper de détails de toilette ou de votre apparence. En pique-nique, on peut s'habiller comme cela nous chante!

Les restes feront de somptueux casse-croûte de fins d'après-midi et, dans certains cas, il en restera assez pour le matin suivant. Soyez prudent cependant lors de la conservation des denrées périssables. Conservez les viandes, les fromages et les ingrédients, comme la mayonnaise, bien au froid.

En vous offrant des haltes pique-niques, il va sans dire que vous donnerez en plus à tous le plaisir d'un moment de détente et de repos des fatigues du trajet en voiture. Permettez alors à vos enfants de batifoler et de s'ébattre autour du véhicule à la découverte des alentours.

Les petits-déjeuners pique-niques

Certaines familles ont l'habitude de confier d'avance les préparatifs de leurs petits-déjeuners pique-niques à certains de leurs membres. Ceux-ci achètent des bananes, du jus et du lait en cours de route et apportent avec eux une grande boîte pleine de croissants frais. La famille fait une heure de trajet avant de prendre le petit-déjeuner pour donner à tous le temps de se réveiller comme il faut. Au moment de s'arrêter pour le pique-nique matinal, c'est-à-dire entre 8 h et 9 h du matin, les sites aménagés à cet effet sont généralement inoccupés. Les enfants ont alors le temps de folâtrer pendant quelques minutes, ce qui les aidera à supporter le reste de la matinée sur la route.

35 *Comment en profiter pour acquérir le sens de l'orientation*

*L*es vacances sont l'occasion idéale d'enseigner à vos enfants comment se servir de cartes de tous genres, comment lire une boussole, comment relever leurs positions et comment devenir des experts en orientation.

Apprendre à lire des cartes

Apportez avec vous une carte routière à jour. Prenez-en aussi pour vos enfants au cas où vous voudriez leur en donner. Tracez-y la route que vous avez décidé de suivre.

Lorsque vous pénétrez dans un parc thématique ou dans un terrain de camping doté de pistes de randonnées, ou même dans un centre commercial, arrêtez-vous pour repérer votre chemin à l'aide des cartes qu'on y fournit.

Les plans-reliefs et les cartes illustrées font aussi des souvenirs très appréciés.

Apprendre à lire une boussole

Même si vous ne partez pas en randonnée, apportez une boussole. Dans une ville inconnue, il est facile de croire que l'on va dans la bonne direction, alors qu'en fait, on se dirige dans le sens opposé. En cours de route, les enfants adorent s'amuser avec une boussole. C'est une compagne agréable lors de visites à des sites panoramiques particulièrement grandioses, que ce soit pour contempler le Grand Canyon du Colorado, découvrir des centrales hydroélectriques, ou pour regarder du haut de la Tour Eiffel. Enseignez à vos enfants comment inscrire sur une carte les angles d'orientation repérés à la boussole.

Apprendre à reconnaître son chemin

Les chemins sillonnant les parcs nationaux, traversant les centres historiques et les parcs thématiques ont tous beaucoup de choses en commun: la nécessité d'y trouver des repères visibles et facilement identifiables sur le terrain afin de pouvoir s'orienter. Aidez vos enfants à apprendre comment relever leurs positions selon les quatre points cardinaux en faisant des haltes en chemin. Prenez note de certaines caractéristiques du terrain ou des indications toponymiques.

Demandez périodiquement: «Dans quelle direction iriez-vous si vous deviez retourner à la porte d'entrée principale (au terrain de camping ou à la voiture)?»

Apprendre à devenir des experts éclaireurs

Une des choses les plus importantes que vos enfants puissent apprendre dans la vie est comment déchiffrer et donner des renseignements précis et simples quant aux directions à suivre. Les vacances se prêtent parfaitement à ce genre d'apprentissage ou pour devenir un expert, surtout en ce qui a trait aux talents d'éclaireur. Voici quelques-unes des connaissances à leur enseigner:

• Comment indiquer la direction selon les points cardinaux plutôt que selon la droite, la gauche, tout droit, etc.. Par exemple, dites: «Avancez de deux pâtés de maison vers le nord et c'est du côté est de la rue», plutôt que: «Avancez de deux blocs tout droit et c'est à votre droite.»

- Comment vérifier l'échelle d'une carte avant de déterminer la distance probable à laquelle se trouve quelque chose. Parcourir un centimètre sur la carte peut en effet souvent signifier devoir faire un voyage de 7 ou 8 kilomètres ou même d'une trentaine.

- Comment toujours prévoir d'avance un itinéraire de rechange, surtout si le trajet que vous aviez choisi est comme par hasard en réparation ou s'il faut faire un détour en raison d'un accident.

Beaucoup de cartes fournissent le détail des distances séparant deux points en kilomètres. Laissez vos enfants additionner le nombre de kilomètres que vous comptez parcourir avant le prochain arrêt et convertir le total en nombre de minutes que cela prendra, compte tenu de la vitesse moyenne autorisée sur cette section de la route. Cela leur fera un exercice de calcul divertissant!

36   *Bien manger*

Ce n'est pas en vacances qu'il faut oublier les règles de saine nutrition les plus élémentaires. Bien au contraire! Pendant des vacances familiales, on insistera plutôt sur des habitudes alimentaires particulièrement équilibrées.

Ne lésinez pas sur les boissons

Insistez pour que toute la famille boive beaucoup, même si cela doit se traduire par un arrêt ou deux de plus par jour. Emportez un récipient que chacun remplira d'eau et de glace au début de la journée. Évitez de boire trop de boissons gazeuses. Vous réduirez ainsi les quantités de sucre et de caféine ingérées, de même que les doses de sel absorbées et, par le fait même, la rétention d'eau dans les tissus, source fréquente de malaises. Si l'eau de la région vous paraît peu propre à la consommation, achetez de l'eau en bouteille (et assurez-vous de leur étanchéité).

Il importe tout particulièrement que vous buviez abondamment si vous dépensez beaucoup d'énergie (en randonnées ou en jouant au polo aquatique) ou si vous voyagez à travers des régions chaudes et humides.

Évitez de manger n'importe quoi

Les aliments offerts aux comptoirs de restauration rapide et les aliments produits en industrie contiennent

RENDRE VOS VACANCES EN FAMILLE AGRÉABLES

généralement trop de sucre et de matières grasses. Ils sont probablement excellents pour faire rapidement le plein d'énergie, mais à la longue et au cours d'un voyage prolongé, ces aliments provoqueront des malaises et de la léthargie.

Procurez-vous des fruits frais, des légumes et des salades

Insistez pour que toute la famille fasse au moins un repas par jour, comportant des légumes frais et de la salade. Les frites ne comptent pas! À midi, lors des petits-déjeuners ou comme goûters, veillez à ce qu'il y ait toujours une réserve de jus non sucrés ou de fruits.

Mangez léger

Si vous parcourez de longues distances en voiture ou en camionnette, mangez plus légèrement que vous ne le feriez chez vous. Vous ne vous en sentirez que plus à l'aise lors des longues heures passées en position assise.

Les vitamines

Si votre famille a l'habitude de prendre des vitamines, emportez-en en voyage. Étiquetez clairement les contenants afin de ne pas les confondre avec des médicaments.

Les casse-croûte et les goûters

Prévoyez des casse-croûte nourrissants de mi-matinée et des goûters nutritifs de fins d'après-midi. C'est particulièrement important si vous prenez part à des activités exigeant beaucoup d'énergie ou si vos repas restent légers en cours de route.

Au moins un repas chaud par jour

Enfant, en voyage, maman insistait toujours pour que nous fassions une halte afin de manger au moins un repas chaud par jour, même si ce n'était qu'une assiettée de soupe aux croûtons. Les pauses de restauration rapide ne comptaient pas ; selon maman, ces aliments-là n'étaient jamais que tièdes et cuits d'avance. Pour des raisons de saine nutrition, il n'était pas indispensable de préparer un repas cuisiné.

Cependant, au cours d'un voyage en voiture de plusieurs jours, il y avait plus d'une bonne raison de faire une halte afin de consommer un repas chaud. Premièrement, cela signifiait que nous serions hors du véhicule pendant suffisamment de temps pour pouvoir nous reposer de son atmosphère confinée et de la fatigue du trajet. Deuxièmement, un repas chaud, ça voulait dire qu'on allait nous servir. Je suis certaine que, chaque fois, maman s'en faisait une véritable joie. Troisièmement, un repas chaud nous permettait de maintenir notre horaire de repas normal, comme à la maison, horaire incluant au moins un repas chaud par jour. Quatrièmement, il y avait comme une touche de réconfort dans le fait de prendre ce repas chaud et celle-ci s'accompagnait d'un sentiment de douce chaleur qui nous envahissait et nous laissait tous, non seulement agréablement rassasiés, mais aussi satisfaits de la vie.

L'avantage d'être en bonne santé

Vous en tenir à de meilleures règles de nutrition en route se traduira par une meilleure santé physique et mentale pour toute la famille. Ceci s'exprimera également par des variations de taux glycémiques moins fréquentes, lesquelles donnent souvent lieu à de l'hyperactivité et à des crises de léthargie ou d'irritabilité générale.

37 *Apportez une trousse à outils*

E mportez un sac de la grosseur d'un petit fourre-tout en toile plastifiée à fermeture étanche, suffisamment volumineux pour servir de trousse à outils tous usages.

Voici quelques-uns des objets que vous voudrez sans doute y mettre:

- de la colle extraforte.

- du détachant (et une mini-éponge).

- des lacets.

- un mini-tournevis pour resserrer les vis de vos verres ou lunettes de soleil.

- un nécessaire à couture usuel comportant plusieurs sortes d'aiguilles et de fils de couleurs variées (le blanc et le noir suffiront amplement en cas d'urgence), une réserve de boutons, de crochets et d'œillets de différentes tailles, quelques élastiques et pièces pour rapiécer.

- un petit rouleau de papier-cache ou de ruban cellulosique.

- un couteau de campagne de l'armée suisse, ou analogue, doté de quantités d'instruments pratiques.

- un ouvre-bouteilles et un ouvre-boîtes (si votre couteau suisse n'en comporte pas).

- une boussole.

Vous pourriez en avoir bien besoin!

Pensez à emporter des doubles
de vos trousseaux de clés

Même s'ils ne font pas techniquement partie des accessoires de réparation, des doubles de vos clés vous éviteront bien des ennuis en route, peut-être même d'avoir à annuler votre voyage. Munissez-vous de deux trousseaux de clés pour la voiture et, si possible, d'un troisième placé dans une petite boîte aimantée collée sous le châssis. (Mais n'oubliez pas que les voleurs connaissent toutes les bonnes cachettes!) Aussi, gardez en réserve un trousseau des clés des valises ou des bagages que vous emporterez avec vous, même si vous décidez de les laisser déverrouillés.

Munissez-vous d'un trousseau des clés de la maison. Il n'est en effet rien de plus frustrant que d'arriver épuisés chez soi, à la fin d'un long voyage, et de découvrir que personne n'a de clés pour entrer!

La trousse automobile de premiers soins

Votre véhicule de voyage devrait être équipé d'une trousse élémentaire de premiers soins renfermant des fusées de signalisation, un écriteau où on lit S.O.S., à placer dans une fenêtre ou dans la lunette arrière, des câbles de démarrage et une couverture légère, au cas où quelqu'un subirait un choc quelconque, souffrirait d'engelures ou d'autres aléas attribuables aux intempéries. Votre véhicule devrait également être équipé d'un bidon à essence vide, d'une capacité de 4,5 litres, et d'un autre uniquement destiné à contenir de l'eau. Assurez-vous à l'avance que vos roues de secours sont en bon état et veillez à ce que le cric soit à sa place dans le coffre.

Si votre véhicule est de marque plutôt inconnue dans la région du monde où vous voyagerez, peut-être devrez-vous emporter quelques bougies supplémentaires, une courroie de ventilateur ou toute autre pièce de rechange, particulièrement difficile à se procurer dans ces contrées.

La radio

Emportez avec vous une mini-radio ou un lecteur de cassettes en comportant une. Munissez-vous d'une bonne réserve de piles de rechange. Il se peut que vous ayez à vous en servir dans les régions où se produisent de fréquents orages. (Si vous vous rendez à destination en avion, il vous faudra peut-être déclarer votre radio, votre magnétophone et vos autres appareils électroniques dans une liste remplie d'avance. Vous subirez ainsi moins de retards aux postes de contrôle des aéroports. Quoique vous puissiez en tout temps écouter des bandes enregistrées ou des disques compacts avec des écouteurs à bord de l'avion, les compagnies aériennes n'encouragent pas leurs passagers à faire usage de radios ni d'ordinateurs portatifs lors du décollage ou de l'atterrissage, ou même le leur interdisent).

38 *Gardez une trousse de premiers soins*

*E*mportez une trousse élémentaire de premiers soins dans laquelle on trouve:

- un thermomètre.

- un assortiment de pansements, de la gaze et du sparadrap.

- des analgésiques.

- des antiseptiques.

- des tampons d'ouate ou des chiffons de coton.

- un grand carré de tissu propre, pour mettre un bras en écharpe de façon temporaire.

- des insecticides.

- des filtres solaires.

- des médicaments contre le rhume.

- des comprimés pour contrôler la diarrhée.

- des antiacides.

Vous voudrez sans doute emporter vos accessoires dans une trousse en plastique, hermétique, à fermeture étanche, puis la placer dans un sac en tissu, plein de glace.

Si vous voyagez à l'étranger ou envisagez de faire des randonnées à la poursuite de gibier, vous aurez probablement besoin d'emporter des capsules pour purifier l'eau.

La marche à suivre

Assurez-vous que vous disposez d'un manuel de premiers soins, au cas où vous devriez vous remémorer la marche à suivre lors de situations d'urgence. Vous voudrez sans doute réétudier avec vos enfants les procédures de premiers soins à mettre en pratique dans de telles situations, avant de vous retrouver dans la nature, comme au bord d'un lac, de l'océan ou en montagne. Relisez également les principales mesures préventives à prendre pour assurer la sécurité de tous.

Si vous souffrez d'otites chroniques, de dermatoses ou d'autres affections, emportez avec vous vos remèdes habituels. Vous serez contents de les avoir en cas de besoin.

Les médicaments sur ordonnance

Emportez une bonne réserve des médicaments qui vous ont été prescrits sur ordonnance, comme l'insuline (ne lésinez pas sur les surplus au cas où vous vous retrouveriez bloqués quelque part plus longtemps que prévu).

Emportez aussi un exemplaire de vos ordonnances. Si on vous a prescrit d'absorber régulièrement une série d'antibiotiques ou d'autres médicaments, emportez-en et continuez à prendre les doses prescrites.

Les numéros de téléphone

Rangez dans votre trousse de premiers soins les numéros de téléphone de vos pharmacien, pédiatre, médecin de famille ou interne, dentiste et de tout autre professionnel de la santé aux soins auxquels vous faites régulièrement appel, un spécialiste des allergies par exemple.

Les bracelets d'identification

Si l'un d'entre vous souffre d'une maladie ou se trouve dans un état grave réclamant des soins constants, comme le diabète ou l'hémophilie, ou qu'il est particulièrement allergique aux piqûres d'abeilles, faites-lui porter un bracelet d'identification, en tout temps, pendant les vacances.

Un chapeau

Toute la famille devrait partir avec un chapeau. Cet accessoire dépanne les voyageurs non seulement quand ils ne tiennent pas à montrer leurs cheveux, mais aussi quand ils s'exposent aux rayons du soleil, moments pendant lesquels un chapeau peut se révéler particulièrement utile. Si vous décidez de faire du cyclotourisme, emportez un casque.

Les paires de rechange

Si vous portez des lunettes ou des verres de contact, emportez-en suffisamment de rechange, ainsi que les accessoires nécessaires à leur usage. Si vous portez des audiophones, emportez suffisamment de piles de rechange dans vos bagages.

39 *Quittez la maison le cœur en paix*

S'il est particulièrement rassurant de pouvoir tout ré-parer soi-même, de pouvoir soigner tout le monde et de pouvoir parer à toute urgence, c'est encore mieux de pouvoir partir de chez soi le cœur en paix.

Partir en bonne santé

Si un membre de la famille est malade, retardez votre voyage d'un ou deux jours. Sinon, le malade en souffrira davantage, alors même qu'ils essaient de s'adapter à un nouveau milieu, sans compter les risques que la contagion fera courir au reste de la famille, au fur et à mesure que se déroulera le voyage.

Vérifiez l'état de vos véhicules avant de partir

Faites inspecter à fond votre voiture, camionnette ou véhicule récréatif avant de partir. Faites de même avec toute embarcation, scooter ou vélo que vous apportez avec vous. Si vous estimez que votre véhicule n'est pas véritablement en état de résister à un voyage, songez à louer. Il s'en trouvera bien sûr raccourci d'un jour ou deux, afin de rétablir l'équilibre dans votre budget. Mais un tel sacrifice pourrait bien faire toute la différence entre un séjour mémorable au bord d'un lac et des vacances passées, coincés près de la tranchée de réparation d'un garage.

Vérifiez l'état de vos vêtements avant de partir

Avant de vous mettre en route, vérifiez si tous les ourlets sont bien cousus, les boutons et autres attaches bien assurés et si toutes les fermetures éclair fonctionnent sans anicroches. Faites blanchir ou nettoyer vos vêtements à sec bien avant de partir. Vérifiez si toutes les courroies de chaussures et de sandales sont bien solides et s'il faut les ressemeler. N'attendez pas la toute dernière minute pour vous procurer les accessoires que vous désirez emporter. Si vous décidez d'apporter un ensemble, rassemblez, dans un sac en plastique rangé dans vos bagages, les bijoux, les rubans, les nœuds, les barrettes, les ceintures, les foulards et autres accessoires assortis.

Les équipements divers

Si vous partez faire du camping ou emportez des appareils de sport, rassemblez-en toutes les pièces utiles et vérifiez si l'ensemble est en bon état de fonctionnement.

Les animaux familiers

N'espérez pas que la personne à qui vous confierez votre maison en votre absence soignera aussi vos animaux familiers. S'ils ont besoin de soins médicaux tous les jours ou plusieurs fois par jour, laissez-les dans une pension où un vétérinaire en prendra soin comme il se doit. Si par contre vous décidez de les apporter, faites-les examiner avant de partir et emportez tout ce dont vous pourriez avoir besoin pour vous en occuper.

Votre maison

Ne demandez pas à quelqu'un d'occuper votre maison en votre absence dans le but de la garder si vous savez que le chauffage ou la climatisation ne fonctionne pas, si la plomberie est particulièrement défectueuse ou si les portes et les fenêtres ont besoin d'être consolidées. Assurez-vous que les dispositifs d'alarme fonctionnent bien et prévenez la poste pour qu'on cesse de livrer votre courrier et vos journaux à domicile pendant votre absence. Ou bien, faites le nécessaire pour que quelqu'un vienne les ramasser quotidiennement).

Montez des dispositifs lumineux sur les minuteries. Laissez des directives précises quant aux soins à donner aux plantes. N'oubliez pas de faire la vaisselle et de faire un grand ménage avant de partir et vous ne vous en sentirez que mieux à votre retour. Éteignez et débranchez tous vos appareils électroménagers. Faites de même avec votre ordinateur et vos autres appareils électroniques ultrasensibles pour prévenir les poussées de courant trop intenses ou pour éviter les ravages que pourrait déclencher un orage.

Confier un duplicata de votre itinéraire à vos collègues de bureau, aux gardiens de vos animaux familiers et à des amis intimes ou à des parents proches fait aussi partie de préparatifs visant à vous assurer un départ à tête reposée, quant à la sécurité de votre maison, de vos animaux, de vos amis, de vos parents, en fait de ceux que vous laissez derrière.

40 *Voyager de jour ou de nuit?*

De nuit

*E*n planifiant votre voyage, posez-vous plusieurs questions: vos enfants dorment-ils bien en voiture? Est-ce que vous disposez de suffisamment de place pour que vos enfants puissent dormir en cours de route? Les adultes à bord voient-ils et conduisent-ils bien tous de nuit?

Si tel est le cas, vous déciderez sans doute de charger la voiture ou la camionnette en fin d'après-midi et après les repas du soir. Vous ferez enfiler leurs pyjamas à vos enfants et les ferez monter à bord. Ce sera un bon moyen de couvrir plusieurs kilomètres avant que l'ennui ne s'installe à bord, et voyager de nuit conviendra parti- culièrement au transport d'une famille comprenant un nourrisson ou un enfant en âge de faire ses premiers pas. Les enfants sujets aux maux de cœur en voiture semblent également moins souffrir lors de trajets effectués de nuit.

Pour veiller à la sécurité de tous, un des adultes devrait rester avec les enfants pendant les haltes pour pleins d'essence ou pauses-café. Les deux parents devront garder l'œil ouvert et rester alertes pendant tout le trajet. En cas de sommeil, faites des arrêts sur le bas-côté de la route et faites des sommes. Si vous choisissez de voyager de nuit, reposez-vous suffisamment les jours qui suivront votre arrivée à destination. Si possible, prenez une douche et allez dormir dès votre arrivée. Les vols de nuit sont souvent un bon moyen de parcourir de longues distances par la voie des airs. Les trains de nuit constituent aussi souvent une expérience passionnante de voyage familial.

Partir aux petites heures du jour

J'ai connu une famille qui aimait faire des excursions vers différentes destinations dans un rayon de 350 kilomètres autour de chez elle. Les parents réveillaient leurs enfants à 4 ou 5 h du matin, juste assez pour les mener mi-assoupis et en pyjama jusqu'à la voiture, puis c'était le départ. Les enfants étaient presque rendormis lorsque la voiture franchissait les limites de la ville. Quelques heures plus tard, au moment où les enfants se réveillaient, la famille avait parcouru la moitié du trajet.

Après avoir changé de vêtements sur les sièges arrière et que la famille se soit arrêtée pour le petit-déjeuner, tous étaient prêts à repérer pour l'heure d'ouverture les panneaux annonçant l'entrée du prochain parc national, du jardin zoologique ou du parc d'attractions. Ils pouvaient ainsi profiter d'une journée complète, remplie d'activités, à visiter la région. Puis, après le repas du soir, les enfants remettaient leurs pyjamas et allaient se coucher. Papa et maman passaient de longues heures sans sommeil, cela va sans dire!

Les éléments dont il faudra tenir compte le moment venu de prendre des décisions

Lorsque vous déciderez de voyager de jour ou de nuit, il vous faudra probablement tenir compte des éléments suivants:

- la direction suivie pendant le voyage. Vaut-il mieux partir tôt le matin et laisser le soleil se coucher pendant votre repas du soir plutôt que de conduire à la lueur du soleil couchant pendant quelques heures harassantes?

- l'état des routes. Si celles-ci sont en mauvais état ou comportent de nombreux virages, ou si elles sont faites de voies d'évitement et de sections en construction, vous préférerez sans doute voyager de jour pour plus de sécurité. Si vous décidez de rouler de nuit sur une route déserte, vous vous sentirez probablement plus rassurés si vous avez un téléphone cellulaire et un récepteur pour amateur-radio.

- le temps. Il est plus commode de voyager de jour s'il y a intempérie. Par contre, si lors du bulletin météorologique, on vous annonce une tempête, pour en éviter toute l'intensité, il sera certainement plus sage de voyager de nuit.

- le climat et le décor naturel. Vous préférerez sans doute traverser une région désertique de nuit. Mais si les paysages que vous parcourerez s'annoncent particulièrement beaux, profitez de la lumière du jour pour pouvoir les admirer!

Voyager de nuit exige que l'on fasse preuve d'une vigilance constante. De nuit, il est facile de manquer les bretelles d'autoroutes et les panneaux de signalisation routière, surtout en zones rurales. Surveillez constamment les jauges de niveaux d'essence, d'huile et d'eau sur le tableau de bord de votre véhicule. Et soyez prêts à prévoir les réactions imprévisibles des conducteurs imprudents qui croiseront votre route.

41 *Réservez à l'avance*

*P*arcourir le vaste monde au gré de votre fantaisie peut être une aventure palpitante. Mais sans s'y préparer quelque peu, ça peut aussi se transformer en un aller simple pour l'enfer. Soyez sûrs de pouvoir vous rendre à destination, mais *aussi de pouvoir en revenir*.

Si vous voyagez par avion en plein milieu de la saison touristique, moment choisi par la plupart des familles pour partir en vacances, soyez certains de pouvoir réserver vos billets aller-retour. Réservez suffisamment à l'avance pour pouvoir éventuellement profiter des réductions de tarifs.

Mais n'oubliez pas que beaucoup de billets à tarifs réduits ne sont pas remboursables. Si vous prévoyez ne pas pouvoir partir en croisière ou ne pas pouvoir prendre le vol prévu à la date fixée, procurez-vous un billet dont on pourra facilement changer la date de départ. Le cas échéant, avisez la compagnie aérienne ou de croisières de plaisance que votre réservation est devenue inutile. (Certains billets sont en partie remboursables, exclusivement en cas de maladie ou de décès d'un des membres de la famille).

N'oubliez pas de prévoir le moyen de vous rendre de l'aéroport, de la gare ou du port où vous arriverez, jusqu'à votre nouveau domicile. Si vous décidez de louer un véhicule, vous perdrez également moins de temps à l'aéroport en faisant vos réservations à l'avance. Si vous décidez de vous en remettre aux taxis, aux trains de banlieues, au métro ou à une camionnette ou limousine fournies par un lieu de villégiature, vérifiez tous les arrangements prévus bien avant de partir.

Prévoyez où vous serez hébergé

Là encore, réservez dès que vous saurez combien parmi vous partageront votre séjour et quel type d'hébergement vous conviendra le mieux. Les meilleures chambres et emplacements de camping sont réservés à l'avance par ceux qui savent ce qu'ils veulent. Et si vous êtes en passe de payer plein tarif au beau milieu de la saison touristique, arrangez-vous pour savoir quels sont les meilleurs emplacements et les meilleures chambres à réserver, afin d'en faire la demande à l'avance!

Exigez des chambres pour non-fumeurs, si vous l'êtes, et situées au rez-de-chaussée ou au premier étage, si tel est votre bon vouloir. Réclamez des chambres avec vue car si vous envisagez d'y passer la majeure partie de vos journées, ces chambres vaudront bien les quelques dollars de plus que vous devrez payer. Par contre, si vous ne les prenez que pour y passer la nuit, vous pourrez faire fi de la vue et économiser ainsi quelque peu.

Vérifiez s'il est possible de passer d'une chambre mitoyenne à l'autre (il est possible de communiquer entre certaines d'entre elles, en effet, mais fréquemment seulement à travers un mur de séparation). Assurez-vous également qu'il y ait un lit pliant ou un berceau dans votre chambre en cas de besoin et renseignez-vous sur les politiques d'hébergement de l'établissement destiné à vous recevoir en ce qui a trait aux animaux (surtout si vous avez décidé d'apporter les vôtres avec vous ou au contraire si vous êtes allergiques à une espèce quelconque).

Même si vous ne faites que suivre la route, où qu'elle vous mène, vous aurez probablement déjà une idée vers midi de l'endroit où vous aimeriez passer la nuit, ne serait-ce que pour décider d'une destination à l'avance. Appelez alors et réservez pour être sûr d'avoir une chambre en arrivant.

J'ai entendu parler d'une famille arrivée dans une ville en croyant de bonne foi qu'il serait des plus faciles de réserver une chambre directement en arrivant. Ils n'avaient pas prévu les trois congrès annuels rassemblant d'importants organismes dans la ville au même moment! Ils perdirent ainsi trois heures d'angoisse à essayer d'y dénicher une chambre libre.

La plupart des grands hôtels et motels publient des répertoires fournissant force détails sur leurs possibilités d'hébergement. Vous pouvez en général réserver à l'avance ceux qui vous conviennent en composant un numéro sans frais. Emportez ces brochures avec vous et là aussi profitez des numéros d'appels gratuits pour faire vos réservations. Si vous désirez poser des questions sur l'emplacement de l'hôtel, par exemple: est-ce que celui-ci se trouve au centre-ville, dans le quartier des affaires, en zone portuaire (tel que prévu)? Qu'on vous en décrive les particularités. Une fois en ville, vous voudrez certainement appeler votre lieu d'hébergement et demander qu'on vous indique le chemin exact pour vous y rendre. Vous vous éviterez ainsi bien des inconvénients à essayer de savoir quelles rues prendre ou quelles sorties d'autoroutes sont les bonnes.

Commandez bien à l'avance les billets particulièrement difficiles à obtenir

Ne vous attendez pas à arriver à Paris et à y trouver le jour même une entrée quelle qu'elle soit à la représentation la plus courue de la saison au Palais Garnier en plein été! C'est également vrai de tous les spectacles et concerts à l'affiche à New York ou à Madrid. Réservez vos billets d'avance.

Réservez à l'avance vos soirées au restaurant

Si vous prévoyez une soirée en grande pompe dans un restaurant réputé, ou même si vous décidez de prendre votre repas dans la salle à manger de l'endroit où vous êtes descendu, réservez à l'avance. Si vous prévoyez dîner à un restaurant situé dans un grand parc thématique, réservez une table avant 14 h. Il importe en effet de réserver si vous prévoyez dîner avant d'assister à une représentation quelconque.

Comment vous rappeler des numéros de confirmation des réservations

Lorsque vous réservez, il se peut qu'on vous donne un numéro de confirmation. Conservez ce numéro jusqu'à votre arrivée et jusqu'à ce que vous ayez trouvé votre lieu d'hébergement, les réservations effectuées ou les billets mis de côté, à votre entière satisfaction. (En cas de tables réservées, vous voudrez sans doute aussi savoir qui prend vos réservations).

Il vous faudra confirmer vos réservations de vols, de croisières ou d'hébergement en appelant un jour ou deux avant de partir. Cela vaut la peine quand on sait combien il est rassurant de savoir que l'on est un hôte attendu et non pas imprévu.

La règle d'or pour éviter des surprises désagréables est bien de réserver d'avance, sans que ceci n'entrave votre spontanéité la plus débridée!

42 Et pourquoi ne pas emporter aussi votre spiritualité en voyage ?

*P*révoyez au moins quelques moments de spiritualité, si nécessaire, en établissant votre itinéraire. Ceux-ci pourraient prendre la forme :

- d'une messe dans une ville visitée ou de votre participation à une réunion spirituelle à la colonie de vacances où vous avez garé votre caravane.

- d'une série de sermons écoutés en voyageant, accompagnés d'une prière en famille à la fin des sermons.

- de commencer la journée de voyage par une prière.

- de passer quelque temps dans une cathédrale célèbre, profitant ainsi de ses magnifiques vitraux ou de la musique de son orgue.

- d'assister à des chœurs ou de vous procurer des billets d'entrée à un concert de musique religieuse.

- d'assister à la représentation des mystères de la Passion dans une ville dans laquelle vous passez.

Dévotion familiale

Vous prévoyez peut-être vous réunir en famille pour quelques moments de dévotion un ou plusieurs soirs dans la semaine ou un matin du week-end. Peut-être, voudrez-vous même vous réserver de tels moments tous les jours. Voici quelques suggestions à ce propos:

Partez à la recherche d'un lieu de beauté. Chaque fois que cela vous sera possible, laissez-vous guider par la nature et devenez votre propre cathédrale.

Attribuez un rôle différent à tous. Un de vos enfants pourra par exemple se charger de lire un passage des Évangiles, un autre de choisir les morceaux que vous chanterez en chœur, et encore un autre de prononcer quelques paroles au début ou à la fin des séances de prières familiales.

Entretenez-vous de thèmes spirituels. Point n'est besoin de prêcher un sermon à vos enfants, ni qu'ils le fassent eux-mêmes. Mais vous pouvez vous entretenir des passages lus ou du contenu des morceaux chantés tout en partageant le sens que ceux-ci prennent pour vous. Donnez ce faisant à chacun le temps de participer et d'exprimer ses propres convictions.

Ménagez-vous des périodes de prières. Priez pour satisfaire vos propres besoins et afin d'invoquer sécurité et santé au cours du voyage. Priez pour invoquer la protection de votre véhicule et des voyageurs. Priez pour les habitants des villes que vous traverserez. Priez pour les êtres aimés laissés derrière vous ou à qui vous rendrez visite en chemin. Priez pour la sécurité de votre foyer et de vos voisins. Louez le Créateur pour les beautés que vous pourrez contempler.

Une ronde d'affection pour conclure. Ces périodes de recueillement sont des moments privilégiés pour reconfirmer verbalement son affection à un autre membre de la famille. Ça fait parfois bien longtemps qu'il ne l'a pas entendu.

Si tout se déroule dans la nature ou au grand air, vous voudrez peut-être faire une offrande spéciale, dès votre arrivée ou en partant. Ramassez les ordures jonchant l'endroit où vous vous trouverez et déposez-les dans des poubelles. Vous ne ferez alors qu'ajouter à la beauté naturelle du site et le rendre encore plus attrayant pour les groupes qui vous y succéderont.

Il vous faudra tout au plus 10 minutes ou une heure, à votre guise. Mais ne soyez pas étonnés si des années après vos enfants se souviennent encore avec nostalgie de tels moments d'échanges spirituels en vacances.

43 *Chacun sa montre!*

$\mathcal{A}$pprenez à vos enfants à lire l'heure dès leur plus jeune âge et procurez-leur une montre à chacun.

Les heures d'arrivée et de départ prévues

Tôt le matin ou avant de vous lancer dans une activité quelconque, indiquez à vos enfants les heures approximatives auxquelles vous comptez partir ou arriver. Puis, mettez-les périodiquement au courant des changements qui surviendront. Au moment de quitter l'endroit où vous aurez passé la nuit, informez-les du programme de la journée, des destinations prévues, des durées approximatives des séjours et de l'endroit où vous prévoyez être à la tombée de la nuit.

Emmenez vos enfants vivre la journée qui s'annonce en faisant simultanément appel à leur imagination et à leur bracelet-montre. Par exemple: «Nous roulerons pendant une heure puis nous prendrons notre petit-déjeuner. Nous l'aurons probablement terminé aux environs de 9 h et nous reprendrons ensuite la route pendant deux heures jusqu'à la plage. Il devrait être 11 h lorsque nous arriverons. Nous nous enregistrerons alors à l'hôtel pour monter à nos chambres et y défaire nos bagages afin d'enfiler nos maillots de bain. Si le cœur vous en dit, nous ferons trempette avant le déjeuner. Nous passerons l'après-midi à la plage, au moins jusqu'à environ 16 h. Nous retournerons alors à nos chambres, nous nous doucherons puis nous nous préparerons pour le dîner. Après, nous pourrions soit faire une partie de mini-golf, soit regarder un film, selon votre préférence du moment.»

En pourvoyant chacun d'une montre et d'un programme de la journée, vous contribuerez sensiblement à éliminer les sempiternels: «Quand est-ce qu'on arrivera à...?», saturés d'exaspération.

Surtout ne pas perdre la notion du temps qui passe

Si vous permettez à vos aînés de partir en vadrouille dans une galerie marchande ou dans un parc d'attractions, ou encore de s'éparpiller dans des directions différentes de la vôtre, dites-leur exactement quand et où vous comptez vous retrouver tous et synchronisez vos montres avant de vous séparer. Exigez d'eux qu'ils soient de retour ponctuellement (disons... à cinq minutes près en plus ou en moins). Dans le cas contraire, coupez court à toute velléité d'indépendance future. Pendant que nous y sommes, soyez vous-même à l'heure, sans faute. Ainsi, il ne sera pas nécessaire de perdre une partie des vacances à attendre ou à se faire du mauvais sang à cause du manque de discipline d'un ou de plusieurs membres de la famille.

Demandez à vos enfants de vous aider à rester ponctuel et fidèle aux délais de stationnement chronométrés toutes les fois que vous vous garerez dans une zone à parcomètres payants.

Il est également pratique de porter une montre pour jouer à certains jeux minutés, en cours de route, pour calculer votre kilométrage à l'heure, pour décider de quand vous devrez faire demi-tour pour rentrer et pour éviter de voir vos œufs à la coque se transformer en œufs durs lors des popotes autour de vos feux de camp.

Si vous franchissez plusieurs fuseaux horaires, remettez chaque fois votre montre à l'heure. Enfin, n'oubliez surtout pas de l'ôter avant de plonger dans la piscine!

44 *Comment faire de vos enfants des collectionneurs en herbe*

Des souvenirs de voyage

*A*idez vos enfants à se constituer une collection inté-ressante de souvenirs de leurs voyages en famille, sous la forme:

- d'un album de cartes postales. Lors de vos déplacements, achetez-en pour les envoyer mais conservez-en quelques-unes. Vous voudrez sans doute y noter une date et aussi d'autres renseignements, par exemple les noms de ceux qui ont participé au voyage.

- d'un bracelet de breloques. À la plupart des endroits touristiques, on peut trouver des breloques souvenirs à accrocher à un bracelet ou à un collier. Vous n'aurez pas de mal non plus à trouver des souvenirs plus caractéristiques de vos activités en vacances en rentrant, tels que: une paire de skis ou de patins à glace pour commémorer des vacances de neige, ou une raquette de tennis pour vous rappeler l'heureux temps passé à jouer sur les courts de vos lieux de villégiature, en compagnie des membres ou d'amis de la famille.

- de beaux coquillages ou de minéraux. Là encore, étiquetez-les au fur et à mesure que vous les ramasserez. Mais ne touchez à rien de ce qui est protégé par les règlements des parcs ou des terrains de camping. Tout élément de la forêt fossile devra rester là où il se trouve!

- d'un assortiment de vignettes de boîtes à allumettes. Presque tous les hôtels et établissements de villégiature possèdent leur vignette distinctive sur boîte d'allumettes. Si vous avez de jeunes enfants, jetez les allumettes (par mesure de précaution) et conservez seulement la vignette.

- de séries d'autocollants ou d'épinglettes à chapeaux. Les décalcomanies, épinglettes et autocollants sont tous des objets de collection faciles à se procurer.

Ou peut-être que ce qui intéresse vos enfants, c'est de collectionner des objets pouvant se révéler utiles plus tard, comme des vases miniatures, des nappes brodées, des assiettes en porcelaine, des cuillers ornées, ou autres souvenirs du même genre.

Il faut surtout se souvenir qu'il s'agira bien là de ce que *vos enfants* auront choisi de collectionner. Pouvoir faire du lèche-vitrines en chemin afin de dénicher exactement les souvenirs qu'ils convoitent leur plaira tout particulièrement et ils passeront des heures de délices à contempler leurs trouvailles au retour.

Un album personnel de collages ou de découpures de voyage

Si vos enfants sont du genre ramasse-tout: des dépliants touristiques en passant par les fleurs sauvages, les plans souvenirs et les programmes, suggérez-leur de se constituer leur propre album de collages-souvenirs, dès leur retour à la maison. Ce faisant, ils n'en ajouteront que plus d'heures d'agrément à leurs vacances d'été.

45 *Comment se constituer son propre journal de voyage*

*E*ncouragez vos enfants à mettre par écrit leurs propres impressions de voyage. Munissez-les d'un petit journal ou d'un bloc de papier à cet effet. Emportez quantité de crayons et de stylos (ainsi qu'un taille-crayon).

Lorsque vos enfants sembleront au comble du bonheur, profitez-en pour leur faire faire le compte rendu de tous les meilleurs instants qu'ils ont vécus dans leur journal, au moment où le souvenir en sera encore frais. Dans le cas contraire, ils pourront déverser leur trop-plein de frustrations, de colère et de négativisme.

Le journal de voyage de vos enfants devrait rester strictement confidentiel. Vers la fin du voyage, peut-être aurez-vous envie qu'ils en lisent des extraits au reste de la famille.

Les compte rendus quotidiens

Encouragez vos enfants à chroniquer quotidiennement leur voyage: en cours de route, pendant les pauses, en fin de journée dans la quiétude de leur chambre d'hôtel, après s'être préparés pour dîner, pendant qu'ils attendaient papa et maman.

Suggérez à vos enfants de commencer par la date et le nom de l'endroit où ils se trouvent, en décrivant ce qui

RENDRE VOS VACANCES EN FAMILLE AGRÉABLES

s'est passé. Qu'ils fassent une description détaillée, en exprimant leurs impressions face aux événements survenus et qu'ils ajoutent à leur rapport une anecdote comique, une blague ou le récit détaillé d'un incident amusant.

En faire une chronique sur ordinateur portatif

Si vous disposez d'un tel ordinateur, vous voudrez probablement l'emporter pour y consigner quelques-uns des carnets, listes et journaux divers déjà suggérés. Une fois de plus, assurez-vous que tous respectent le caractère strictement confidentiel des fichiers-journaux de chacun.

Un doux instant pour méditer

Écrivez périodiquement vos impressions dans votre propre journal de voyage et pourquoi pas aussi des poèmes; vos enfants seront plus enclins à tenir un journal si vous leur en donnez l'exemple.

Des ébauches personnelles

Suggérez à vos enfants d'illustrer eux-mêmes leur journal en y dessinant des ébauches ou des croquis au crayon. Faites-leur remarquer que les légendes qu'ils y joindront constitueront des commentaires agréables à lire en contemplant les cartes postales ou les collages rassemblés dans leurs albums personnels de coupures ramassées ici et là.

Faites-le pour grand-mère

Si aux yeux de vos enfants le fait de tenir un journal de voyage n'a pas grand sens, invitez-les à le faire pour quelqu'un qu'ils chérissent, afin que, de retour à la maison, ils puissent faire un compte rendu encore plus vivant du voyage qu'ils viennent d'effectuer. Vos enfants seront également probablement encore plus enclins à tenir un journal de voyage si vous leur faites remarquer que, ce faisant, ils disposeront de leur premier devoir d'école terminé d'avance et par la même occasion, du premier jet de la composition intitulée: «Décrivez vos vacances estivales»!

46 *Informez-vous d'avance au maximum*

*D*ans la plupart des parcs nationaux et des attractions touristiques, on trouve des centres d'information et des librairies offrant une variété étonnante de renseignements historiques et des brochures de tous genres. Arrangez-vous pour mettre en pratique les trois méthodes d'étude suivantes lors de vos pérégrinations:

1. Apprenez tout ce qu'il est possible d'apprendre sur un site historique ou sur un parc national avant de vous y rendre.

2. Informez-vous au maximum sur place.

3. Si l'endroit visité pique votre curiosité, achetez tout ce qu'il est possible de lire sur le site pour plus tard.

Ne soyez pas étonnés si vos enfants s'intéressent tout à coup à l'histoire et à la littérature d'une période précise après avoir visité des hauts lieux ou des monuments historiques particulièrement célèbres (comme Big Ben, la Lorelei, le Musée du Prado, le Tunnel du Simplon ou la Tour de Pise) ou après avoir visité un village reconstitué (Village d'antan de Drummondville au Québec) ou un quartier restauré.

Si vous souhaitez faire de vos vacances familiales une expérience instructive, choisissez des destinations familières à vos enfants par leurs études en classe ou qui ont de fortes chances de faire partie de leur programme de l'année suivante.

Les centres de renseignements touristiques

Au moment de franchir la frontière d'un nouveau pays, dirigez-vous vers le centre de renseignements touristiques le plus proche, situé en général près de cette même frontière. Prenez le temps de demander aux employés du centre de vous recommander les itinéraires les plus pittoresques et les curiosités du pays à ne pas manquer. Ramassez aussi des guides d'hébergement, d'activités suggérées et de restaurants à essayer.

Les tableaux de renseignements historiques

Soyez à l'affût des panonceaux de renseignements en tous genres disséminés sur votre route. Dès que vous en repérez un, arrêtez-vous sur le bas-côté de la route et lisez-le. Il ne vous faudra guère plus de deux minutes pour parcourir un ou deux paragraphes de renseignements.

Comment apprendre à se fondre dans le paysage et à tâter le pouls des lieux

Lors de vos pauses casse-croûte de mi-matinée ou du milieu de l'après-midi, essayez de découvrir un café ou un restaurant typique. Demandez au garçon ou au propriétaire de vous raconter les faits les plus marquants produits au cours des dernières années, dans la région que vous êtes en train de traverser. Si vous y avez remarqué des édifices d'une architecture insolite ou si vous désirez poser certaines questions sur le menu, n'hésitez pas également. Il y a de fortes chances que les renseignements recueillis de la bouche même des habitants de la région soient les plus intéressants à ce sujet.

Si votre voyage se déroule à l'étranger, vos enfants seront sans doute fascinés par la variété des langues et des mots entendus en chemin. Entrez en conversation avec un ou deux habitants des lieux de façon que vos enfants puissent en entendre encore plus et en viennent à en apprécier davantage les différences culturelles distinguant les peuples.

Vous ne manquerez alors pas de remarquer que les activités riches en enseignements de toutes sortes sont des plus divertissantes pour les enfants lorsqu'on les encourage à s'y livrer, en laissant libre cours à leur inspiration et à leur spontanéité.

47 *Toute une panoplie de photos*

*P*renez quantités de photos. Ne lésinez pas sur la pellicule. Même si vous ne parvenez à tirer que trois ou quatre superbes prises de vues par bobine, vous serez heureux de les avoir plus tard (et ce ne seront peut-être pas les premières que vous aurez prises de quelqu'un en particulier ou à un endroit précis).

Il est préférable de prendre des plans rapprochés

Le panorama est probablement beau à couper le souffle. Mais, il y a de fortes chances pour que vos photos de vacances en famille les plus intéressantes se révèlent être plus tard les gros plans de personnes, d'animaux et de scènes diverses. Si vous tenez véritablement à vous procurer un plan particulièrement réussi du panorama environnant, achetez des cartes postales ou un album-souvenir en couleur représentant ce paysage.

Voici quelques tuyaux pour rendre vos photos familiales plus passionnantes:

Rajoutez une dimension humaine à la majorité d'entre elles en y incluant des personnages.

Et plutôt que de vous contenter de clichés montrant un ou deux membres de la famille directement photographiés en premier plan, placez-les de préférence sur le côté, prenez-en un gros plan, avec le guide touristique en costume ou photographiez-les à côté des écriteaux décrivant ce qu'on voit sur la photo.

Privilégiez les angles inhabituels de prises de vue. En général, les clichés frontaux sont clairement les plus banaux. Plutôt que de prendre papa debout directement devant un chêne tricentenaire (et ne pouvoir cadrer que le pied de l'arbre), essayez d'en photographier les branches sur un fond de ciel bleu ou le reflet dans un étang proche. Si vous tenez absolument à prendre papa devant le chêne, prenez une série de clichés fragmentés à l'aide desquels vous pourrez reconstituer la photo d'ensemble de l'arbre pour donner une idée de sa grandeur.

Plutôt que de prendre une photo au pied du cabestan géant d'une barge de traversée, essayez d'en prendre une, en contre-plongée, du haut de celui-ci !

Usez de la pellicule qui convient au type de film envisagé. Si vous cherchez à saisir des scènes en mouvement, procurez-vous de la pellicule pour objectifs à vitesse d'obturation ultrarapide.

Prenez le temps de mettre vos photos au point. Rien n'est plus décevant que de constater par après que la mise au point d'une photo qui promettait, de par son expressivité et de par la mise en scène du sujet, est ratée à cause d'un mauvais cadrage.

Laissez votre flash chez vous. La plupart de vos clichés nocturnes ne réussiront pas selon vos espérances. En effet, il faudrait qu'un photographe-amateur soit plutôt naïf pour oser prétendre réussir à capturer des scènes nocturnes distantes de plus de 65 mètres en se servant d'un flash.

Soyez rompu à l'usage de votre équipement

Ce n'est pas au moment de partir en vacances en famille que l'on doit se décider à apprendre à se servir d'un nouveau modèle de caméscope ou de nouvelles lentilles. Apprenez d'avance comment utiliser votre équipement de voyage et comment enclencher votre appareil de manière à ne plus avoir qu'à appuyer sur le bouton de l'obturateur.

Étiquetez vos photos

Dès que vos photos seront développées, étiquetez-les en indiquant les dates, endroits et noms des personnes photographiées au dos des photos. (Vous aurez ainsi droit à la reconnaissance éternelle de votre postérité dans une cinquantaine d'années).

Commandez des doubles de chaque photo
à votre photographe

Faites-le de façon à ce que vos enfants puissent choisir leurs propres exemplaires pour les coller dans leur album de photos ou de souvenirs personnels.

Permettez à vos enfants de faire leurs propres photos

Permettez à vos enfants de le faire avec leur propre appareil photo. Ils apprendront ainsi par essais successifs et n'en auront que plus de plaisir ce faisant. Ils feront ainsi montre de moins de réticence à utiliser votre propre appareil photo

Que tous jouent aux photographes et aux photographiés

Ne réservez à aucun d'entre vous le privilège de jouer le rôle de photographe exclusif de la famille. Un tel photographe fait en effet rarement partie de ceux que l'on photographie!

48 *Habillez-vous pour vous sentir à l'aise*

Voyagez habillés pour être à l'aise

*V*ous habiller confortablement ne signifie pas avoir l'air négligé ni être habillé comme l'as de pique.

Vous devez vous sentir à l'aise dans ce que vous portez. Les vêtements que vous portez sont-ils suffisamment amples? Aimez-vous leur style? Disposez-vous d'un choix de tenues suffisant et convenant aux activités et endroits où vous les porterez?

Vos vêtements de voyage doivent être d'un entretien relativement aisé et peu exigeant. Se froissent-ils facilement ou sont-ils de couleurs salissantes? Si tel est le cas, vous aurez plaisir à les porter en début mais pas en fin de journée. Vous vous sentirez alors mal à l'aise! De plus, vous n'envisagez certainement pas de passer la moitié de vos vacances le fer à repasser à la main. Assurez-vous d'avance que tous les tissus de vos vêtements sont lavables et que la garde-robe de vos enfants résistera aux taches. Enlevez les taches tenaces le plus rapidement possible.

Vos vêtements de voyage devront convenir aux climats de vos destinations et aux activités que vous y effectuerez. Une bonne tenue de voyage comprend plusieurs chemises, chandails et vestes. Vous ne savez jamais quand le vent tournera, le brouillard descendra ou la neige commencera à tomber. Si vous passez vos vacances dans une station de sports d'hiver, à skier par exemple, rangez dans vos bagages plusieurs vêtements de façon à rester bien au sec. Emportez des couvertures si nécessaire et n'oubliez pas les chapeaux et les gants (ainsi que les visières pare-soleil et les lotions de toutes sortes).

Les culottes courtes ou les shorts sont confortables et à la mode. Mais si vous prévoyez faire de longues randonnées sur des terrains accidentés ou dîner dans de grandes villes, emportez aussi une paire de pantalons.

Évitez les vêtements dévoilant trop généreusement certaines parties de votre corps. Ils sont rarement de bon goût et pourraient avoir pour conséquence qu'on vous refuse l'entrée de certains restaurants ou de boutiques.

Vous devriez porter des chaussures confortables. Ce n'est pas en partant en vacances que l'on étrenne des chaussures neuves pour la première fois. Il vous faudra cependant des souliers solides pour marcher ou partir en excursion. Il sera alors difficile de trouver mieux qu'une paire de chaussures de marche confortables. Les sandales sont exactement ce qui convient à certains endroits, mais vos pieds y resteront livrés sans défense aux objets coupants, aux galets et aux épines. Il serait alors presque toujours préférable d'enfiler des chaussettes et des baskets. Si vous vous dirigez vers des endroits situés au bord de l'eau et que vous ne pouvez vous fier à ce qui se trouvera au fond des criques ou des lacs, emportez des chaussures en caoutchouc ou en plastique pour tous les membres de la famille.

Vos enfants les plus délurés devraient toujours garder leurs chaussures aux pieds, sauf peut-être en voiture ou en camionnette.

Emportez des vêtements de rechange supplémentaires. De cette façon, si vos enfants ont un accident quel qu'il soit, s'ils tombent malades ou font une chute dans la magnifique fontaine de l'hôtel, en essayant d'y atteindre les cyprins dorés, vous pourrez parer à toute éventualité.

Les vêtements tricotés à la main et en fils dédoublés constituent un habillement idéal pour les enfants turbulents. Choisissez davantage les imprimés (plutôt que les couleurs unies). Enfin, des chaussures d'enfants à fermeture en velcro vous éviteront d'avoir à les relacer toutes les cinq minutes.

49 *Invitez un ami à vous accompagner*

*V*os vacances familiales seront probablement encore plus agréables si vous invitez un des amis de vos enfants à vous accompagner. Ce sera une idée particulièrement heureuse si vous n'avez qu'un enfant unique ou si de grandes différences d'âge séparent vos enfants. Il est des familles qui ont dû s'assurer que les amis de leurs adolescents et jeunes, en âge de faire leurs études universitaires, allaient les accompagner pour que ceux-ci veuillent bien partir avec le reste de la famille en vacances.

Organisez des échanges

Il est peut-être possible d'organiser des échanges de vacances avec d'autres familles. Leurs enfants pourraient partir avec vous durant quelques jours et vice versa à un autre moment. De cette manière, les parents pourront eux aussi passer quelques jours de vacances ensemble en toute tranquillité. En gros, les dépenses s'équilibreront. Il vous faudra aussi probablement inviter un ami par enfant.

Insistez pour que vos jeunes accompagnateurs fassent corps avec le reste de la famille au lieu de faire cavaliers seuls avec leurs amis, vos enfants, dans le genre «petite clique». Le but visé en invitant les amis de vos enfants à les accompagner est la joie accrue que tout le monde en retirera et non pas une zizanie éventuelle. Par ailleurs, que leurs amis prennent aussi part aux débats familiaux et qu'ils assument leur part de responsabilités comme le reste de la famille au cours du voyage.

Ne permettez en aucune manière à vos enfants et à leurs amis de se liguer contre d'autres enfants ou de les exclure d'une expérience quelconque. Plus important encore: assurez-vous que les amis invités à vous accompagner font partie de ceux que le reste de la famille est prêt à accepter d'avance et qu'ils sont suffisamment connus d'elle.

Avant de partir, décidez avec les parents de vos futurs invités des limites de la discipline que vous leur imposerez, de ce qu'il leur sera permis de faire et de ne pas faire en voyage, et de l'argent de poche que vous êtes prêts à les voir dépenser en général.

Partir ensemble en caravane

De nombreuses familles aiment partir ensemble avec d'autres familles vers des destinations communes en caravanes, sur des péniches, partager le même tour guidé ou camper ensemble. Si vous connaissez une ou des familles avec qui vous entretenez des rapports intimes et qui partagent vos intérêts, peut-être que cette option emportera votre faveur. En caravane, les enfants adorent échanger leurs places fréquemment pour plus de variété. Un voyage à plusieurs caravanes progressera cependant plus lentement qu'à une seule famille. Néanmoins, une fois à destination, les enfants verront leur joie se décupler en voyant la chance qui s'offrira à eux de jouer en groupes et de participer ainsi à diverses activités organisées pendant que leurs parents se distraient de leur côté. Si un groupe compte suffisamment de participants prêts au même voyage, vous aurez parfois droit à certains forfaits de destinations, ce qui constitue une excellente option surtout si vous avez tous décidé de mettre le cap outremer.

Une baby-sitter ou une nounou?

Vos vacances seront sans doute plus agréables pour tous s'il est possible d'emmener avec vous la baby-sitter ou la nounou habituelle de vos enfants. Mais ne vous attendez pas à ce qu'elle s'en occupe 24 h sur 24. Par la même occasion, pas plus vous qu'elle ne devez considérer cet accompagnement comme constituant des vacances.

C'est de travail qu'il s'agira! Elle pourra alors vous aider de bien des façons, en habillant et en donnant à manger aux enfants, en les surveillant le soir alors que vous sortirez dîner, en gardant un œil sur eux dans un parc thématique fourmillant de monde, en chaperonnant une partie de la famille au cas où vous auriez besoin de plus d'une chambre d'hôtel ou d'une suite. Veillez à ce que ses rôles et responsabilités soient clairement établis d'avance et bien sûr décidez aussi de son salaire.

50   *Des vacances plus fréquentes, mais aussi plus brèves*

*L*a tendance actuelle est aux vacances familiales plus fréquentes mais plus courtes. Ne sous-estimez pas la valeur d'excursions de trois ou quatre jours, les week-ends en famille. Elles constituent une option tout à fait viable, permettant d'effectuer des retraites hivernales dans la neige, de profiter des forfaits d'excursions hors-saison ou de certains événements, en saison cette fois, comme les vendanges en Bourgogne, un Noël flamand à Bruges ou le Carnaval de Québec.

Considérez les options suivantes

Certaines agences de voyages offrent des croisières de deux ou trois jours.

De nombreux hôtels offrent des tarifs réduits les week-ends. Les tarifs aériens sont fréquemment plus avantageux si vous séjournez à destination du vendredi au samedi.

Et certains employeurs sont presque toujours prêts à se montrer plus souples quand il s'agit de vous accorder un vendredi ou un lundi de libre en plus, de-ci de-là, plutôt qu'une semaine au complet, ou deux, d'une traite.

Ne perdez pas le sens des proportions

Il importe surtout de ne pas oublier que lors de vacances de courte durée, il vous faudra choisir d'avance ce que vous voulez voir et vous limiter à quelques activités essentielles.

Par exemple:

- passer quatre jours à Barcelone pendant lesquels vous assisterez à un récital de chant sacré catalan à l'abbaye de Montserrat, écouterez la soprano Montserrat Caballets au Teatro del Liceo, ferez vos emplettes au Corte Inglés, visiterez la Sagrada Familia et le Parc Guell et enfin danserez la sardane avec les barcelonais devant la cathédrale lors de la fête nationale de la Catalogne.

- Un long week-end à Münich lors de la fête de la bière appelée Oktoberfest, avec excursion à l'abbaye de Etal et à Oberammergau, visite du château du roi Louis II de Bavière à Herrenchiemsee pour finir par un banquet avec des visiteurs du monde entier, sous les tentes de kermesse à déguster les célèbres bières et saucisses bavaroises.

- Une veillée de Noël à New York pour visiter ses grands magasins mondialement connus de jour et voir Broadway illuminé la nuit. Vos enfants seront enchantés de voir les décorations et les devantures de magasins scintiller de mille feux sur la Cinquième avenue, de pouvoir skier la nuit sur la patinoire du Rockefeller Center et de pouvoir contempler les gratte-ciel de la ville, du haut de l'Empire State Building ou du World Trade Center. Et il y a généralement moins foule en hiver lors des excursions organisées pour visiter la Statue de la Liberté et Ellis Island.

- un séjour au Festival de folklore de Drummondville au Québec. Une quinzaine pour découvrir les danses et les rythmes propres aux différents pays que les délégations culturelles représentent, dans le cadre de cet événement international.

Toutes ces expériences s'imprimeront dans vos mémoires en y laissant une saveur particulière des pays et régions visitées et vous n'en aurez alors que plus envie d'y retourner pour de plus longues vacances.

Il est possible que vous puissiez vous permettre un tel voyage une fois l'an, si vous êtes prêt à suivre ma prochaine suggestion pour un de vos congés futurs.

51 *Et si vous les passiez tout simplement chez vous ces vacances!*

*U*ne des meilleures façons de passer des vacances familiales est de rester chez soi et de s'y divertir. C'est particulièrement agréable à faire si les deux parents doivent travailler ou que les enfants se montrent peu assidus dans leurs activités scolaires depuis plusieurs mois.

Des vacances passées chez soi sont une occasion idéale pour réunir tous les membres de la famille afin d'en resserrer les liens.

Il importe de ne pas oublier à ce moment-là que tout le monde sera en vacances. Qu'on sente que ce n'est pas une période ordinaire. Personne ne devra tondre le gazon ou faire des corvées. Débranchez alors le téléphone et éteignez la télévision. Faites véritablement de ce weekend ou de ces journées de congé une fête familiale, et surtout ne perdez pas de vue votre but essentiel: passer de bons moments ensemble.

Nager

Peut-être aurez-vous envie de faire la grasse matinée puis d'aller prendre le petit-déjeuner en dehors de chez vous. Appelez alors des amis et organisez un déjeuner en commun en faisant comme si vous fêtiez un événement particulier. Ou peut-être aurez-vous envie de vous rendre à une abbaye voisine pour partager le repas des moines?

Détendez-vous

Accordez-vous une heure ou deux, le temps de lire votre journal. Restez en pyjama toute la matinée si le cœur vous en dit. Regardez vos vidéos préférées avec vos enfants ou montrez-leur sur vidéo les dessins animés qui étaient populaires lorsque vous aviez leur âge.

Un peu de tourisme régional

Allez visiter une ou deux attractions touristiques locales. Celles auxquelles vous ne pensez jamais à aller car elles se trouvent directement dans votre ville natale. Ce pourrait être une galerie d'art ou un musée, un aquarium ou un jardin zoologique, ou le centre historique ou culturel de votre localité.

Des fêtes gastronomiques

Mangez hors de chez vous, pique-niquez dans un des parcs de votre ville ou faites-vous livrer un gueuleton par un traiteur. Essayez enfin ce nouveau restaurant dont on vous a tant parlé.

Des séjours pour se refaire une santé

Si vous avez des adolescents, peut-être voudrez-vous planifier un séjour familial de mise en forme, ensemble au grand air, en organisant une randonnée en forêt, des sacs sur le dos, et des activités d'endurance et de marche à pied sur des terrains escarpés, ou de descente de rivière en canoës-kayaks, pour vivre en même temps des moments de griserie au contact des éléments.

Allez au grand air

Pour passer quelques heures à faire du golf sur le terrain de votre région. Faites quelques tours de manège à la fête foraine locale. Partez en balade à bicyclette sur les chemins longeant les rivières. Jouez au mini-golf. Faites des randonnées en tout-terrain de compétition; ou bien, faites tout simplement ce que vos enfants auraient toujours souhaité vous voir faire ensemble mais que vous n'avez jamais fait par manque de temps.

Allez faire un tour dans les collines avoisinantes, allez pêcher. Allez à la plage et apprenez à chevaucher les vagues. Ou bien promenez-vous dans la campagne pour prendre l'air et voir ce qu'on y cultive en cette saison de l'année.

Inscrivez dans votre emploi du temps une soirée au théâtre ou au cinéma. Choisissez d'avance ce que vous aimeriez faire lors d'une visite éventuelle de votre ville, puis partagez l'activité choisie avec le reste de votre famille.

Pensez à maintenir un certain état d'esprit

Partir ensemble en vacances est, jusqu'à un certain point, un état d'esprit. Vous pouvez choisir de les vivre directement chez vous et vous épargner ainsi des heures et des heures passées à faire vos bagages et à les défaire, à conduire, à chercher des personnes à qui confier votre maison et vos animaux familiers en votre absence, ainsi que des jardiniers, sans compter les frais de transport et d'hébergement. Vos enfants et votre conjointe seront sans aucun doute heureux de se retrouver en famille et vous pourrez vous livrer à beaucoup des mêmes activités que vous auriez entreprises en voyage, lors de ces vacances plutôt casanières. Par exemple, aller faire du lèche-vitrines et tenir des journaux de vacances! Là encore, la règle d'or consiste à en tirer le maximum de plaisir possible. Sachez donc rester joyeux tout au long de vos vacances.

52 Réservez à vos enfants le privilège de raconter vos vacances

*L*orsque viendra le jour de raconter vos vacances à d'autres, laissez vos enfants prendre les devants. Demandez-leur de relater les faits marquants. Vous serez probablement surpris de leur choix quant à leurs souvenirs les plus mémorables, amusants ou inusités.

Si vous avez tourné des films vidéo dans l'intention de les commenter plus tard, laissez vos enfants y ajouter la bande sonore et la musique. Si vous avez confectionné un album souvenir ou un album photographique de votre voyage, inscrivez-y ce que vos enfants narreront, photo par photo, ou souvenir par souvenir.

Quand le moment sera venu de se remémorer certaines choses

Lorsque vous aurez vu, vécu ou fait quelque chose en vacances qui vous semblera digne de constituer la toile de fond ou le sujet d'une émission télévisée (ou d'un bulletin de nouvelles), ou si un ami de la famille ou un parent fait allusion à un sujet ayant rapport avec votre voyage, demandez à vos enfants: «Est-ce que cela vous rappelle notre voyage? De quoi vous souvenez-vous le plus à propos de notre séjour là-bas? Aimeriez-vous encore y être en ce moment même?» Tout en aidant vos enfants à ranger leur chambre, donnez-leur le poisson empaillé que vous avez acheté à l'aquarium et dites-leur: «N'êtes-vous pas heureux que l'on ait réussi à attraper ce poisson l'été dernier? Plus vous inciterez vos enfants à se remémorer le voyage que vous avez fait ensemble, plus ils accumuleront de souvenirs et plus ils en viendront à apprécier les moments passés en compagnie les uns des autres.

Ressortez périodiquement les photos ou objets rassemblés lors de votre voyage et regardez-les en famille.

Encadrez la photo préférée de votre voyage et placez-la dans la chambre de vos enfants. Que celle-ci serve à leur rappeler l'heureux temps vécu avec ceux que vos enfants chérissent le plus: *vous deux!*, et les endroits enchanteurs visités ensemble.

Au fil des ans

Au fur et à mesure que passeront les années, continuez à donner la priorité à vos enfants lorsqu'il s'agira de narrer vos vacances. Il se pourrait bien sûr que le voyage change alors quelque peu de forme quant à son contenu ou que des menues exagérations se glissent dans des commentaires du genre «ça a été le pire» ou le «meilleur moment», mais n'est-ce pas là la façon dont on tient à se souvenir de nos vacances! La narration de vacances passées en famille peut constituer un événement déterminant quant à l'édification d'un passé familial commun.

Rectifiez quelque peu la véracité des faits présentés si besoin est, mais que chacun puisse donner libre cours à ses émotions. Et surtout, que vos enfants puissent prendre conscience du fait que vous les chérissez suffisamment pour vouloir passer tout ce temps avec eux, que vous avez grandement apprécié ces instants de communion familiale, et qu'il vous a fait particulièrement plaisir de leur ouvrir une plus large fenêtre sur le vaste monde.

Quelle que soit la raison qui vous a poussés à passer vos vacances en famille, celle-ci finira par transparaître. Que ce soit tout simplement de prouver à vos enfants que vous les aimez en leur faisant prendre du bon temps. Qu'il s'agisse d'un simple voyage ou d'un extraordinaire périple, si vos enfants en reviennent avec ce sentiment, vous aurez vraiment réussi à faire une expérience familiale inestimable de tout ce temps passé ensemble!

☐ Oui, faites-moi parvenir le catalogue de vos publications et les informations sur vos nouveautés

☐ Non, je ne désire pas recevoir votre catalogue mais seulement les informations sur vos nouveautés

OFFRE SPÉCIALE

OFFRE SPÉCIALE

OFFRE D'UN CATALOGUE GRATUIT

Nom: _____

Profession: _____

Compagnie: _____

Adresse: _____

Ville: _____ Code postal: _____

Code postal: _____

Téléphone: (____)_____ Télécopieur: (____)_____

Découpez et postez à: Les éditions Un monde différent ltée
3925, Grande-Allée, Saint-Hubert,
Québec, Canada   J4T 2V8

imprimerie gagné ltée

IMPRIMÉ AU CANADA